Monika Konkow

Lernvoraussetzungen im Anfangsunterricht

Vorübungen zum Leseerwerb

Persen

Persen Verlag

Gedruckt wird auf umweltbewusst gefertigtem, chlorfrei gebleichtem und alterungsbeständigem Papier.

1. Auflage 2012
© Persen Verlag, Buxtehude
AAP Lehrerfachverlage GmbH
Alle Rechte vorbehalten.

Illustrationen: Manuela Ostadal
Satz: Satzpunkt Ursula Ewert GmbH, Bayreuth

ISBN: 978-3-403-23181-3

www.persen.de

Vorwort 4

Praxis und Methoden 5

Einführung der Titelfigur *Bubu* 7

1. Förderung der Wahrnehmung zum leichteren Leseerwerb
   1.1 Raum-Lage-Orientierung
      – oben und unten 8
      – vorne und hinten 12
      – links und rechts 16
      – auf und unter 20

   1.2 Visuelle Wahrnehmung
      – Groß und klein erkennen und unterscheiden 24
      – Kurz und lang erkennen und unterscheiden 27
      – Linien folgen und Richtungen einhalten können 30
      – Lese- und Schreibrichtung üben und festigen 33
      – Unterschiede bei Schriftzeichen erkennen und unterscheiden 36

   1.3 Akustische Wahrnehmung
      – Wortlängen erkennen 39
      – Satzlängen erkennen 43
      – ähnliche Wörter – unterschiedliche Bedeutung 47
      – Reimwörter finden 51
      – Silben bilden 55
      – Vokale hören und lokalisieren 59

2. Grundlegende Fähigkeiten als Voraussetzung zum Leseerwerb
   2.1 Arbeitsbegriffe rund um das Lesen kennen und anwenden
      – Buchstabe 79
      – Wort 82
      – Satz 85
      – Zeile 88

   2.2 Reihenfolgen erkennen und wiedergeben können
      – zuerst – dann – zuletzt 91
      – Wortanfang – Wortmitte – Wortende 94
      – Satzanfang – Satzmitte – Satzende 97

   2.3 Praktische Anweisungen verstehen und umsetzen können
      – aufschlagen – umblättern – zuschlagen 100
      – einkreisen 101
      – unterstreichen – durchstreichen 104

Bildkarten 107

Vorwort

Der wesentlichste Lernschritt und damit Voraussetzung für jegliches weiteres schulisches Lernen erwartet den Schulanfänger mit Beginn des Schulunterrichts. Es wird von ihm gefordert, dass er möglichst schnell und flüssig lesen und schreiben lernt: Ein Prozess, der von vielen Kindern schon sehnlichst erwartet wird und damit die Welt der Großen sowie neue Horizonte eröffnet. Der Genuss, sich vorlesen zu lassen oder Bilder in Büchern anzuschauen, wird erweitert und erfährt eine Dimension der Selbstständigkeit und Selbstbestimmung. Dies ist grundsätzlich eine großartige Erfahrung, die jedoch in der Praxis oft nicht so einfach funktioniert, wie der Pädagoge, die Eltern und auch das Kind es sich wünschen.

In meiner Arbeit als heilpädagogische Förderlehrerin erlebe ich immer wieder, dass bei Kindern im Vorschulalter oft noch ein erheblicher Förderbedarf in Bezug auf die Fertigkeiten zum späteren Lesenlernen vorhanden ist. Ihre Vorerfahrungen sind oft nicht ausreichend und differenziert genug. Das Lesenlernen erfordert Fähigkeiten in verschiedenen Wahrnehmungsbereichen, wie etwa die visuelle und akustische Wahrnehmung. Auch muss die Raum-Lage-Orientierung gesichert sein. Ich erlebe oft Kinder, die große Schwierigkeiten haben, den Anlaut eines Wortes zu hören. Die Differenzierung der einzelnen Laute ist jedoch wesentlich für das Lesen und Schreiben. Allgemein vermag ein guter Grundstock im Bereich der Wahrnehmung den Prozess des Lesenlernens zu erleichtern und zu beschleunigen. Muss erst noch Basiswissen geübt und gespeichert werden, ist die Menge an neuem Lernstoff oft so hoch, dass nicht mehr alles aufgenommen werden kann.

Ziel dieses Buches ist es, die Grundlagen für den Leseerwerb mithilfe von detaillierten Einführungs- und Übungsmöglichkeiten zu sichern. Ein wesentlicher Aspekt ist dabei der Bereich der Förderung der Wahrnehmung. Zusätzlich werden aber auch die grundlegenden Fähigkeiten als Voraussetzung zum Leseerwerb betrachtet. Manchen Kindern ist nicht klar, was Begriffe wie Satz, Wort oder Buchstabe zu bedeuten haben. Für sie ist es schwer zu bestimmen, wo der Anfang oder das Ende eines Wortes sind, da die Begrifflichkeiten fehlen. Es erleichtert die alltägliche Arbeit wesentlich, wenn grundsätzliche Anforderungen nicht für selbstverständlich gehalten werden, sondern erst eingeführt werden. Erst wenn die Lehrkraft der Klasse gezeigt hat, was es bedeutet etwas z. B. einzukreisen, wird jeder diesen Arbeitsauftrag auch direkt umsetzen können.

Die einzelnen Kapitel des Buches müssen nicht nach der Reihenfolge bearbeitet werden. Entscheiden Sie als Pädagoge und Anleiter des Kindes, welche Inhalte wichtig sind und wo noch Übungsbedarf besteht. Manche Inhalte sind eventuell auch nicht für die gesamte Klasse wichtig, sondern bieten sich eher für die Kleingruppe an.

Als vertiefende Übung ist bei den meisten Lerninhalten auch ein Hausaufgabenblatt enthalten. Dies ist eine Möglichkeit zu überprüfen, ob der Lerninhalt verstanden wurde.

Monika Konkow: Vorübungen zum Leseerwerb
© Persen Verlag

Praxis und Methoden

Einsatzbereich

- Eingangsklassen in Förderschulen/Förderzentren
- Fördergruppen im Grundschulbereich
- Schulvorbereitende Einrichtungen
- Vorschulgruppen in Kindergärten/Kindertagesstätten
- Förderung im häuslichen Bereich

Zum Umgang mit den Arbeitsblättern

Bei der Auswahl der Arbeitsblätter ist es wichtig, den Lern- und Erfahrungsstand der Kinder abzuschätzen. Bestehen noch Verständnisprobleme für die Begriffe Buchstabe, Wort, Satz oder Zeile, ist es sinnvoll, diese jeweils vorher mithilfe des Kapitels „Arbeitsbegriffe rund um das Lesen kennen und anwenden" einzuführen. Dann kann man mit den Wahrnehmungsübungen weitermachen.

Auch die praktischen Anweisungen wie einkreisen, unterstreichen, durchstreichen etc. sollten eingeübt werden. Bei vielen Kindern kann dieses Vorwissen nicht vorausgesetzt werden.

Alle Kapitel sind nach der gleichen Struktur aufgebaut:
- Einführung der Thematik
- 1–2 Übungsblätter zur Thematik
- 1 Hausaufgabenblatt

Benutzen Sie zur Einführung möglichst viel reales Material und üben Sie erst den direkten Umgang damit. Mit Unterstützung durch die Bildkarten und die Zeichnung von *Bubu* dem Buchmännchen am Ende des Buches kann spielerisch eine Sortierung und Eingliederung erfolgen.

Sinnvolle Vorbereitungen zum Einsatz des Buches

Die am Ende des Buches enthaltenen Bildkarten können ausgeschnitten, evtl. koloriert und zwecks besserer Haltbarkeit laminiert werden. Die Befestigung von Klebemagneten auf der Rückseite garantiert schnelle Einsetzbarkeit. Dies gilt auch für die Titelfigur *Bubu*, die bemalt und ausgeschnitten bei allen Themen des Buches immer wieder zum Einsatz kommt.

Einfache Bildkarten zu verschiedenen Themen wie Tiere, Obst und Gemüse, Kleidung etc. können zu diversen Übungsmöglichkeiten verwendet werden. Reale Gegenstände wie Spielfiguren, Stofftiere, Spielmaterial aus der Puppenecke etc. bewähren sich bei der Einführung der Themen. Mit Legematerial oder Glassteinen können Silben in Wörtern nachgelegt werden und Positionen wie Anfang, Mitte und Ende markiert werden.

Die einzelnen Blätter können nach dem Bearbeiten von den Kindern in einen Schnellhefter ein-sortiert werden. Es bietet sich dabei an, als Deckblatt die Seite mit *Bubu* dem Buchmännchen zu verwenden, welches am Ende des Buches angefügt ist. Für die Kinder entsteht dadurch eine Mappe mit einem eigenen Lesevorkurs.

Praktische Anregungen

Die akustische Wahrnehmung ist ein wesentlicher Schwerpunkt. Im Unterrichtsalltag bietet es sich immer wieder an, Bereiche davon einfließen zu lassen, indem neue Wörter in deren Silben-aufbau geklatscht, gestampft oder auch gehüpft werden. Als kleine Auflockerung im Unterricht eignen sich Reimspiele oder Abzählverse etc.

Vieles an üblichem Spielmaterial wie Memories, Dominos, Differenzierungsspiele etc. bereitet in Spielphasen auf die Lernziele vor.

Beispiel für eine Unterrichtseinheit zum Thema „oben und unten":
Einführungsmöglichkeit:
Für den Einstieg bieten sich konkretes Material wie Spielfiguren oder Stofftiere an. Versteckt in einem Korb wecken sie die Neugierde der Kinder. Lassen Sie die Figuren von den Kindern he-rausholen, benennen Sie sie gemeinsam und klatschen, schnipsen, hüpfen etc. Sie die Be-zeichnung: z. B. E-le-fant. Dadurch wird das Wort nochmal für alle mehrmals wiederholt und Sie haben nebenbei auch gleich den Silbenaufbau geübt. Wenn alles herausgeholt wurde, kün-digen Sie die Thematik an („Wir lernen heute oben und unten kennen.") und zeigen die Bildkar-ten „oben" und „unten". Gemeinsam werden Positionen im Raum für die Spielfiguren gesucht: z. B. „Der Elefant ist oben", „die Katze ist unten".

Eine Handpuppe kann Sie bei der Fortführung unterstützen. Mithilfe der Handpuppe werden die Begriffe „oben" und „unten" auf Papier oder Tafel übertragen. Malen oder schreiben Sie mit der Puppe etwas auf die Tafel oder auf ein großes Papier. Die Kinder dürfen mithilfe der Bildkarten bestimmen, ob es jeweils „oben" oder „unten" sein soll. Die Kinder sind besonders aufmerk-sam, wenn die Puppe auch mal Unfug treibt oder falsch auf die Anweisungen reagiert.

Lassen Sie dann die Kinder selbst üben, indem Sie die Bildkarten für „oben" und „unten" für die Kinder an der Tafel/Wand aufhängen. Mithilfe des Bildes von *Bubu* dem Buchmännchen stel-len Sie eine Aufgabe und befestigen *Bubu* an dem gewünschten Zeichen (z. B. „Male einen Ball auf dein Blatt, Bubu zeigt dir wo.") Wenn Sie das Gefühl haben, dass die Kinder die Begriffe sowie die Symbolik verstanden haben, verwenden Sie das Einführungsblatt zur Raum-Lage-Orientierung „oben und unten".

In einer weiteren Unterrichtseinheit wird nur kurz praktisch geübt (z. B. „Halte deine Hand nach oben, den Fuß nach unten...".) Schnell kann dann mit dem nächsten Übungsblatt fortgefahren werden. Beziehen Sie dabei wieder aktiv die Bildkarten ein und bearbeiten Sie ein Beispiel der geforderten Aufgabe gemeinsam mit den Kindern mithilfe eines Tafelbildes oder am Projektor. Sie werden dabei merken, ob die Thematik schon ausreichend verstanden wurde. Entscheiden Sie dann, ob eine weitere Übung oder ein Hausaufgabenblatt zu dem Thema noch sinnvoll ist.

Monika Konkow: Vorübungen zum Leseerwerb
© Persen Verlag

Das ist Bubu.

Bubu hilft dir, alles zu verstehen.
Bubu kann schon seinen Namen schreiben.

Bubu

Du kannst Bubu anmalen.

oben   unten

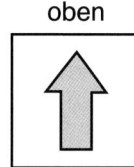   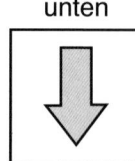

Bubu schreibt seinen Namen
oben hin.

Bubu schreibt seinen Namen
unten hin.

Male in die Kästchen das richtige Zeichen.

Zeichne einen Ball oben hin.

Zeichne einen Ball unten hin.

Monika Konkow: Vorübungen zum Leseerwerb
© Persen Verlag

oben   unten

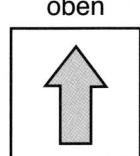   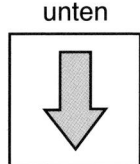

Male den Bubu oben an.   Male den Bubu unten an.

Male hier nur die Wolken oben an.   Male hier nur die Wolken unten an.

   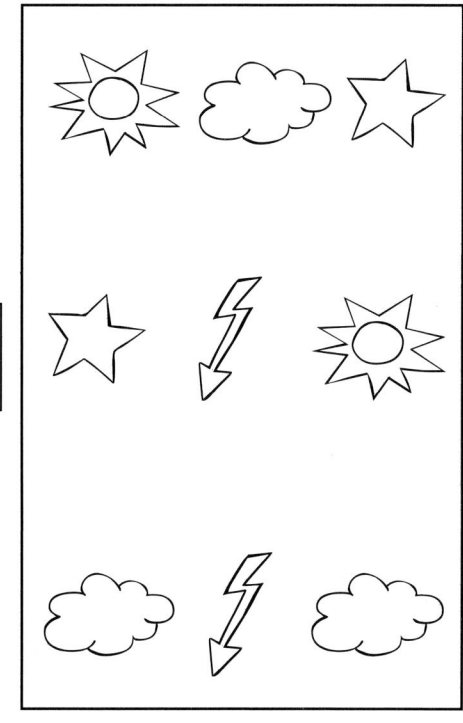

oben   unten

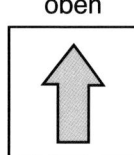   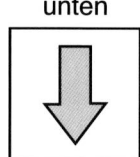

Hier siehst du ein aufgeschlagenes Buch.

Bubu hat oben seinen Namen versteckt.   Bubu hat unten seinen Namen versteckt.

Finde seinen Namen und male ihn an.

Ae Bubu Ma
Ueu Ia Emu
Imi Au Oma I
Mami Ee Am
Um Ei Mumu

OoO Umu Ee
Mama Ume Ii
Omi Ema Uu
Emi Ua Mau O
Mi Bubu Oma

Schreibe oben deinen Namen.   Schreibe unten deinen Namen.

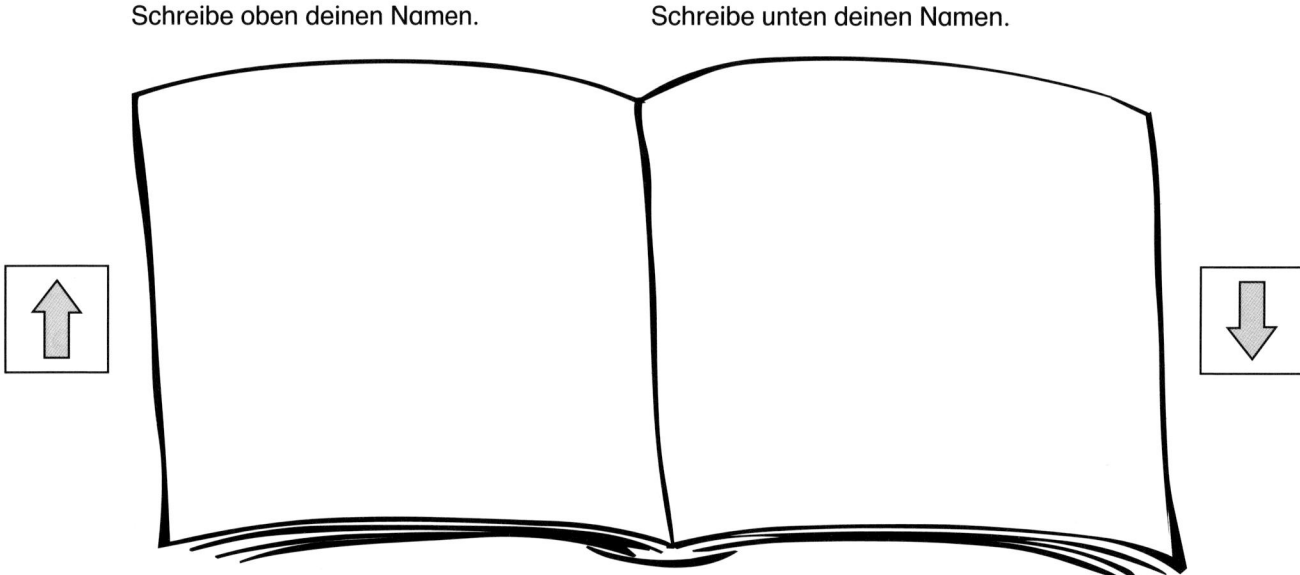

Du kannst noch andere Bilder oder Buchstaben zeichnen.

Monika Konkow: Vorübungen zum Leseerwerb
© Persen Verlag

oben   unten

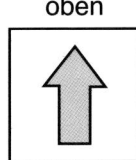 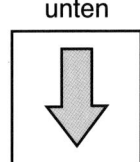

Male hier nur die Wolken oben an.   Male hier nur die Wolken unten an.

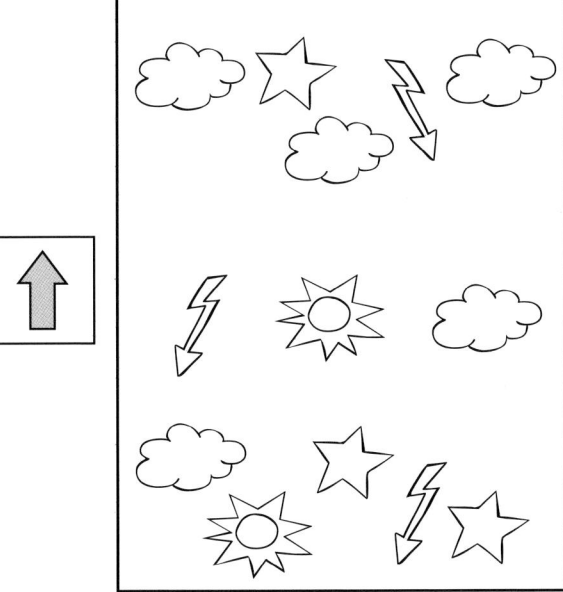 

Bubu hat oben seinen Namen versteckt.   Bubu hat unten seinen Namen versteckt.

Finde seinen Namen und male ihn an.

Emu Oma Bubu Oo
Imi Ami Omi Ee Aa
Omo Mimi Uu Umi
Mau Ei Mi Um Mu

Mami Omi Ei Umu
Emi Ma Om Ami I
Uma Momo Oo Mi
Mam Oma Bubu E

vorne   hinten

Hier siehst du Bubu von vorne.   Hier siehst du Bubu von hinten.

Vorne oder hinten? Male in die Kästchen das richtige Zeichen.

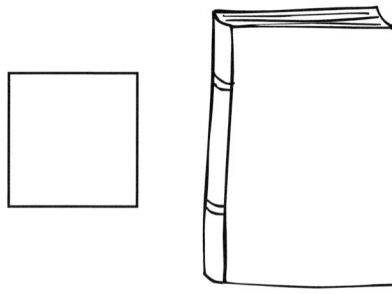   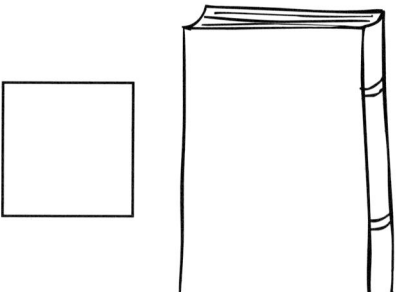

Bubu hat vorne auf das Buch seinen Namen geschrieben.
Male seinen Namen an.

Monika Konkow: Vorübungen zum Leseerwerb
© Persen Verlag

vorne   hinten

Male nur die Bilder an, die von vorne   Male nur die Bilder an, die von hinten
zu sehen sind.   zu sehen sind.

Vorne oder hinten? Male in die Kästchen das richtige Zeichen.

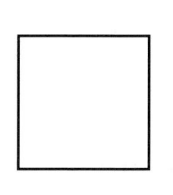    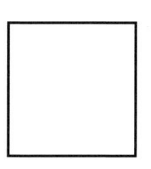 

Bubu hat hinten auf das Buch seinen Namen geschrieben.
Male seinen Namen an.

Monika Konkow: Vorübungen zum Leseerwerb
© Persen Verlag   13

vorne   hinten

Male nur die Bilder an, die von vorne   Male nur die Bilder an, die von hinten
zu sehen sind.   zu sehen sind.

Vorne oder hinten? Male in die Kästchen das richtige Zeichen.

Hat Bubu vorne oder hinten seinen Namen auf das Buch geschrieben?
Male das richtige Zeichen hin und male seinen Namen an.

Monika Konkow: Vorübungen zum Leseerwerb
© Persen Verlag

vorne hinten

Male nur die Bilder an, die von vorne zu sehen sind.

Male nur die Bilder an, die von hinten zu sehen sind.

Vorne oder hinten? Male in die Kästchen das richtige Zeichen.

Hat Bubu vorne oder hinten seinen Namen auf das Buch geschrieben?
Male das richtige Zeichen hin und male seinen Namen an.

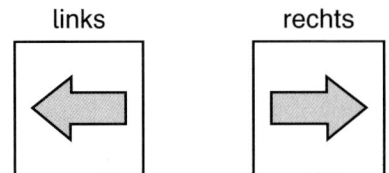

Links siehst du einen Hund.   Rechts siehst du eine Katze.

Hund   Katze

Male in das Kästchen, auf welcher Seite die Dinge liegen.

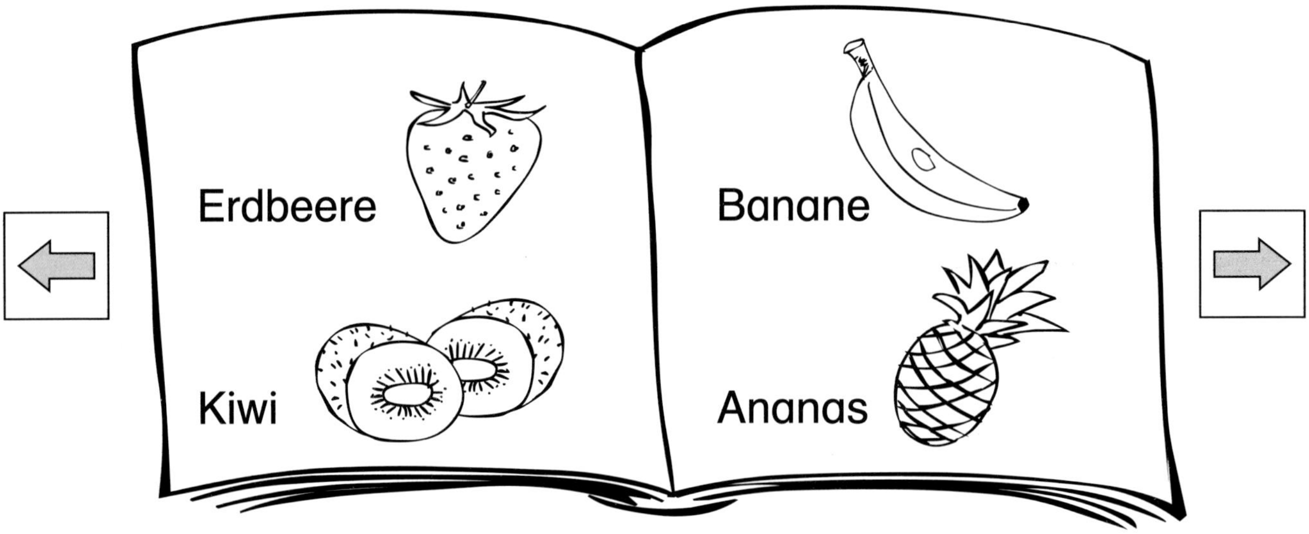

Erdbeere   Banane

Kiwi   Ananas

Erdbeere 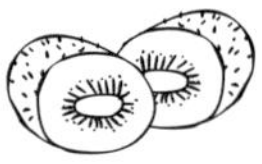   Kiwi    Banane    Ananas

Monika Konkow: Vorübungen zum Leseerwerb
© Persen Verlag

links   rechts

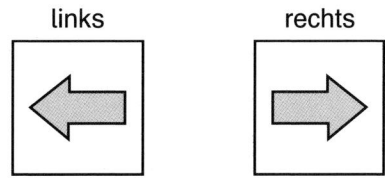

Male in das Kästchen, auf welcher Seite die Dinge liegen.

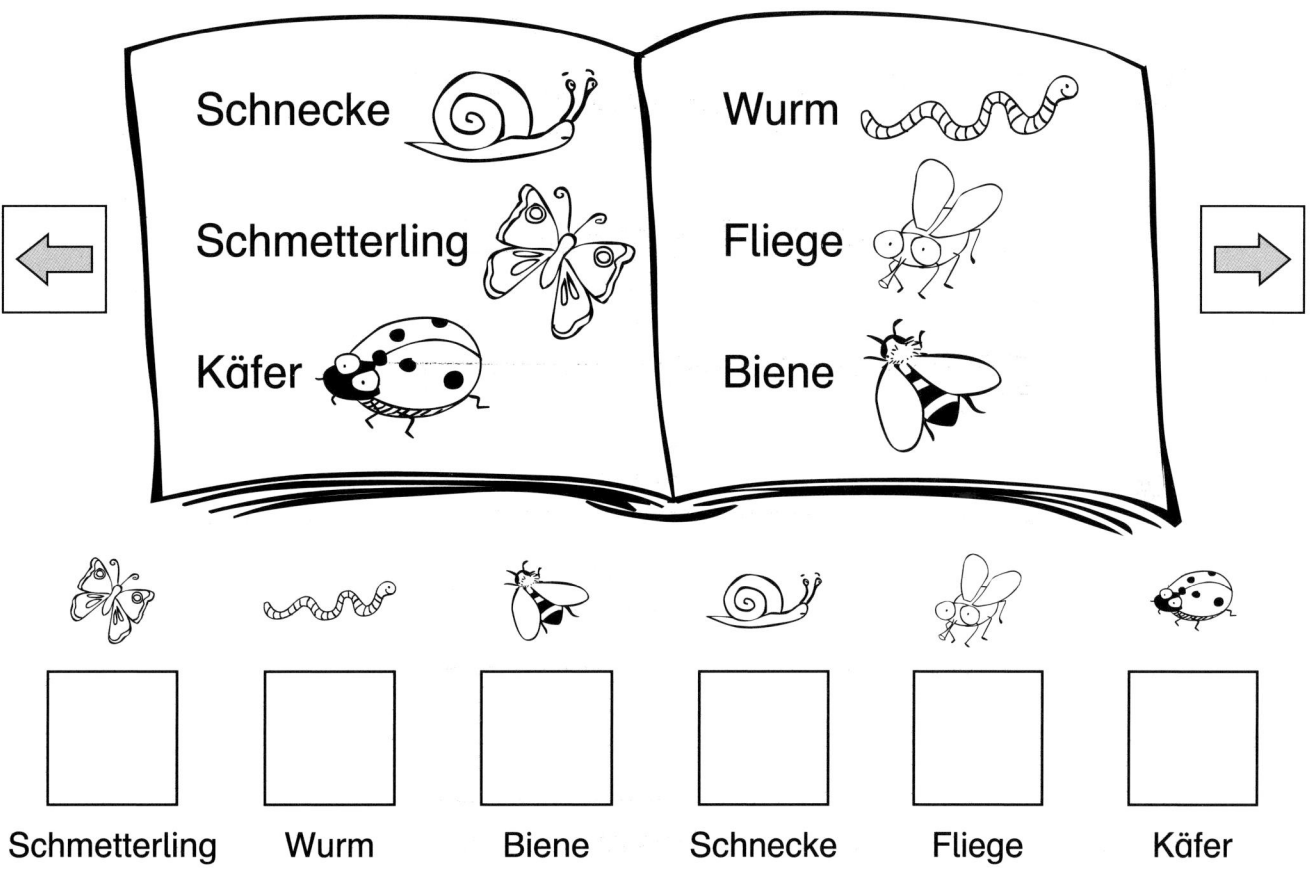

| Schmetterling | Wurm | Biene | Schnecke | Fliege | Käfer |

Male in das Kästchen, wo Bubus Name steht.
Schreibe deinen Namen auf die rechte Seite.

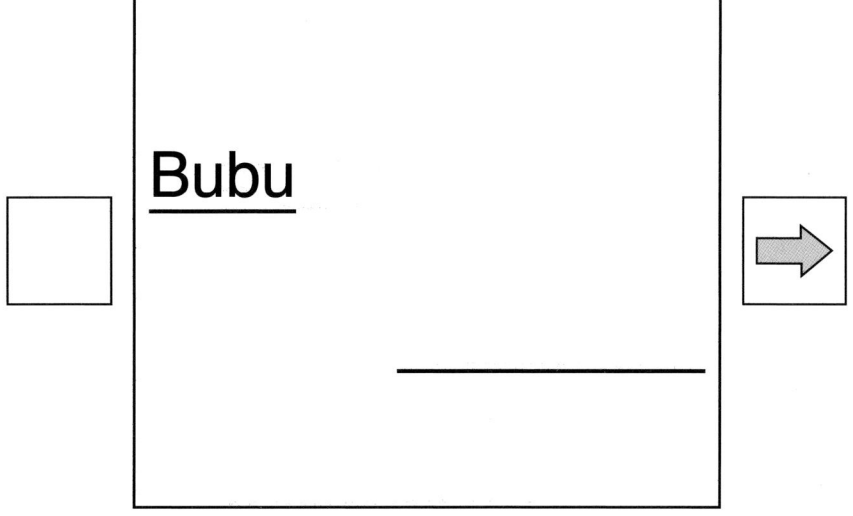

links   rechts

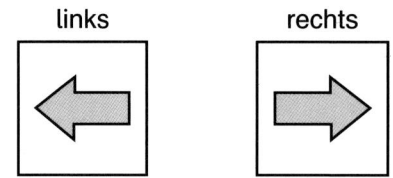

Male in das Kästchen, auf welcher Seite die Dinge liegen.

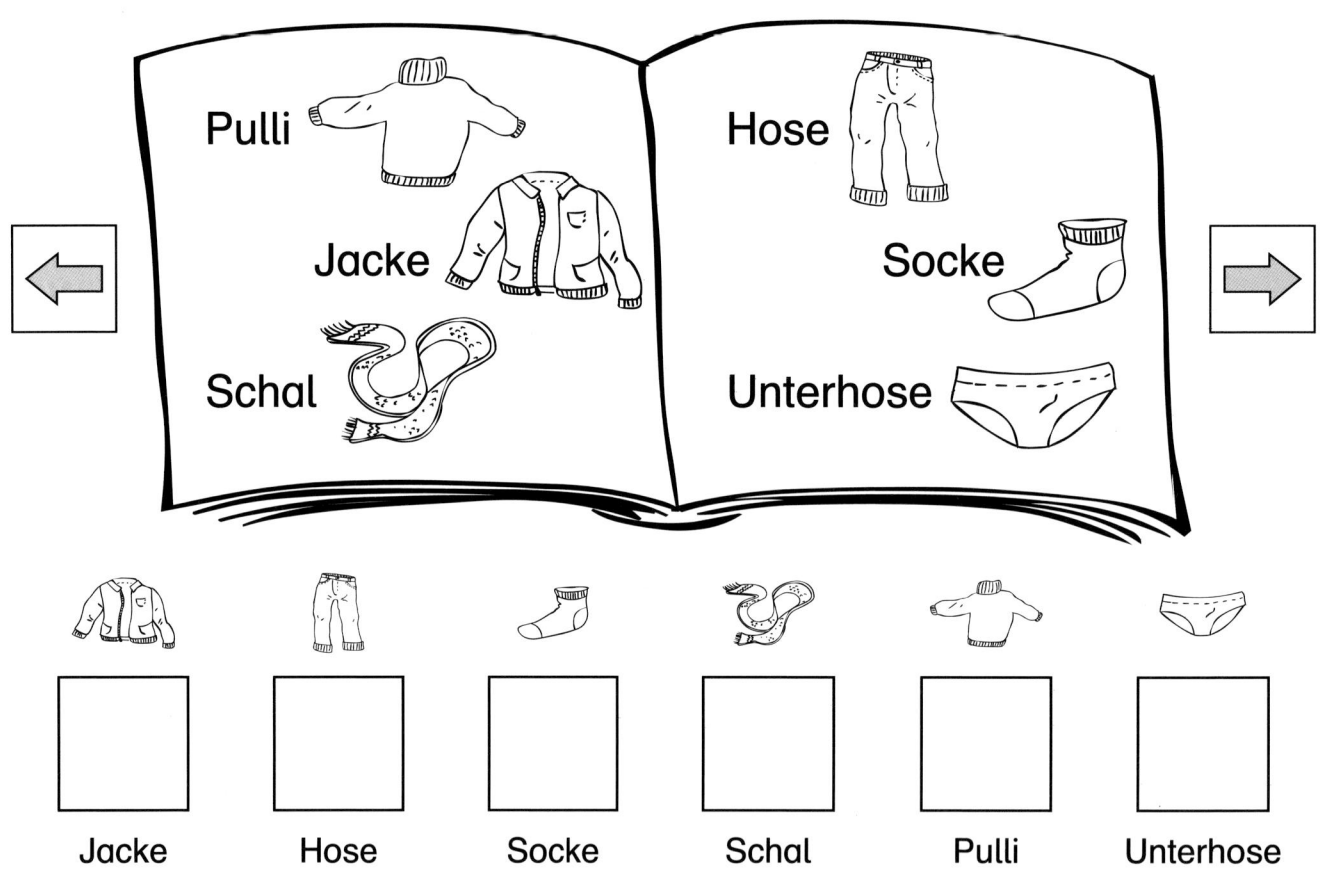

Jacke	Hose	Socke	Schal	Pulli	Unterhose

Male alle Bälle rechts rot und alle
Bälle links blau an.

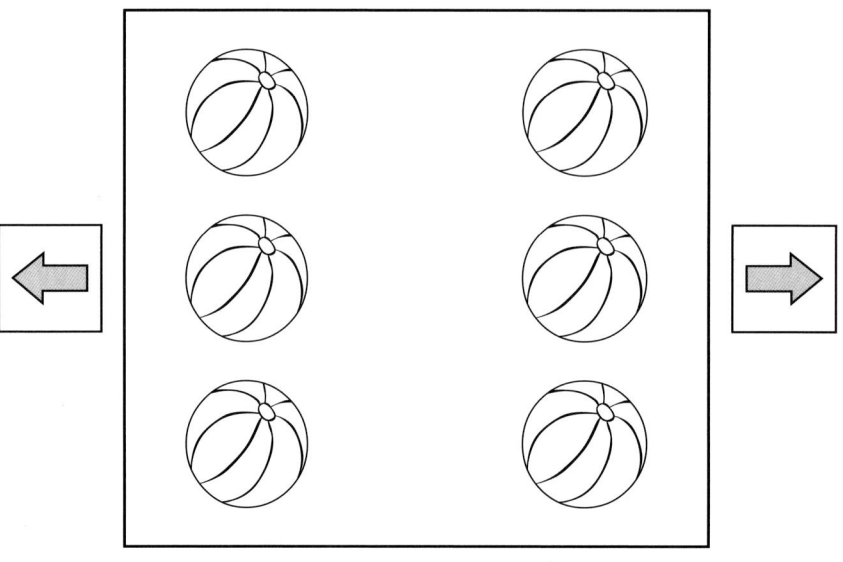

Monika Konkow: Vorübungen zum Leseerwerb
© Persen Verlag

links   rechts

   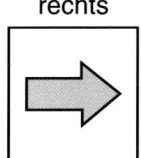

Male in das Kästchen, auf welcher Seite die Dinge liegen.

Hund	Schwein	Katze	Kuh	Maus	Huhn

Schreibe deinen Namen rechts mit einem blauen Stift und links mit einem rotem Stift.
Male den Pfeil richtig dazu.

auf   unter

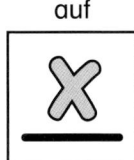   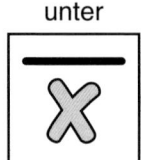

Bubu schreibt seinen Namen
auf die Zeile.

Bubu schreibt seinen Namen
unter die Zeile.

Schreibe hier deinen Namen
auf die Zeile.

Schreibe hier deinen Namen
unter die Zeile.

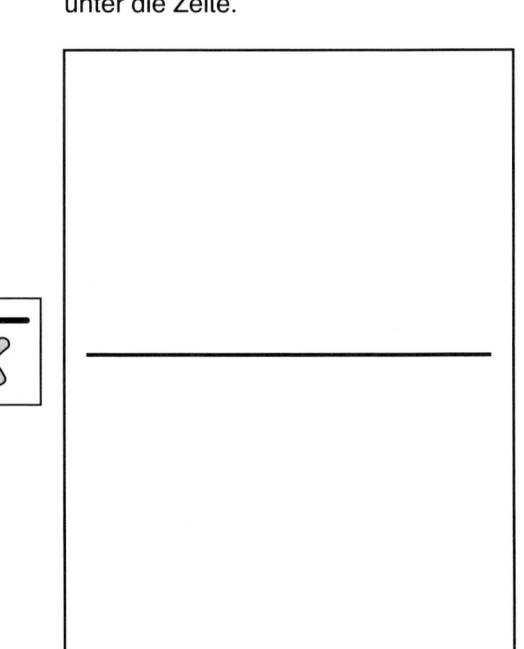

Monika Konkow: Vorübungen zum Leseerwerb
© Persen Verlag

auf   unter

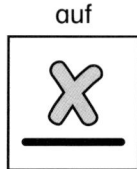 

Male nur die Wolken an, die auf der Zeile sind.

Male nur die Blumen an, die unter der Zeile sind.

Schreibe deinen Namen auf die Zeile.

 _____

auf   unter

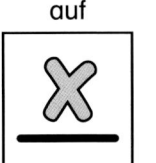 

Male in den Rahmen 3 Äpfel auf die Zeile und 3 Bananen unter die Zeile.

3 🍎 ⊡   3 🍌 ⊡

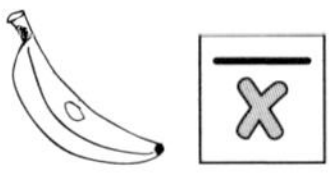

Schreibe mit einem blauen Stift deinen Namen auf die Zeile. Schreibe mit einem roten Stift deinen Namen unter die Zeile.

Wo findest du die Dinge? Male das richtige Zeichen in das Kästchen.

Monika Konkow: Vorübungen zum Leseerwerb
© Persen Verlag

auf   unter

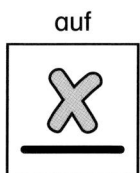 

Male in den Rahmen 4 Bälle auf die Zeile und 4 Bausteine unter die Zeile.

Wo findest du die Dinge? Male das richtige Zeichen in das Kästchen.

 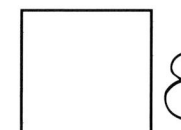    

Schreibe deinen Namen dort, wo es dir das Zeichen sagt.

 _____

 _____

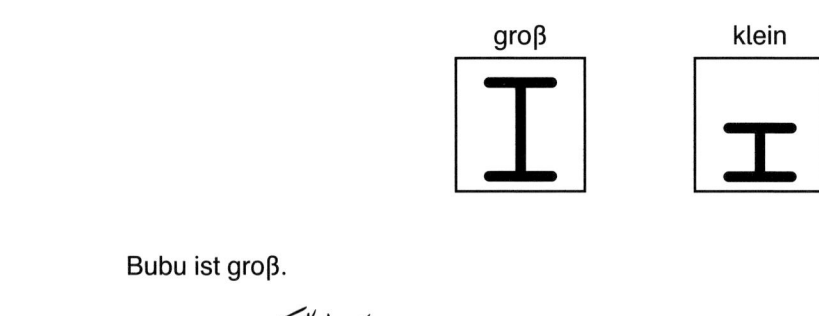

Bubu ist groß.   Bubu ist klein.

Es gibt große Buchstaben und kleine Buchstaben.

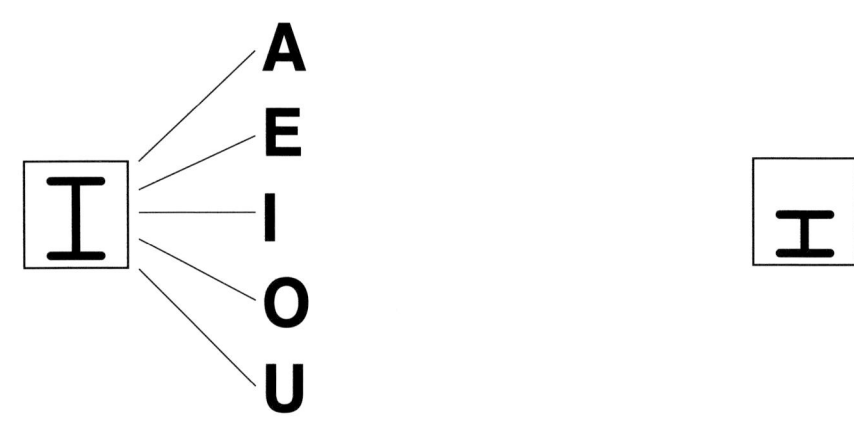

Verbinde die Buchstaben mit dem richtigen Zeichen.

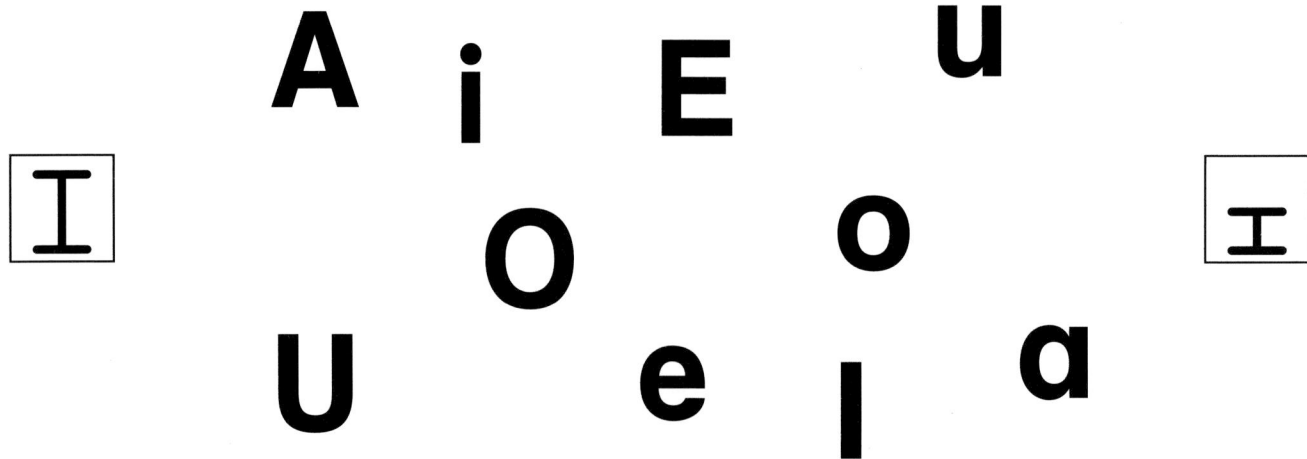

Monika Konkow: Vorübungen zum Leseerwerb
© Persen Verlag

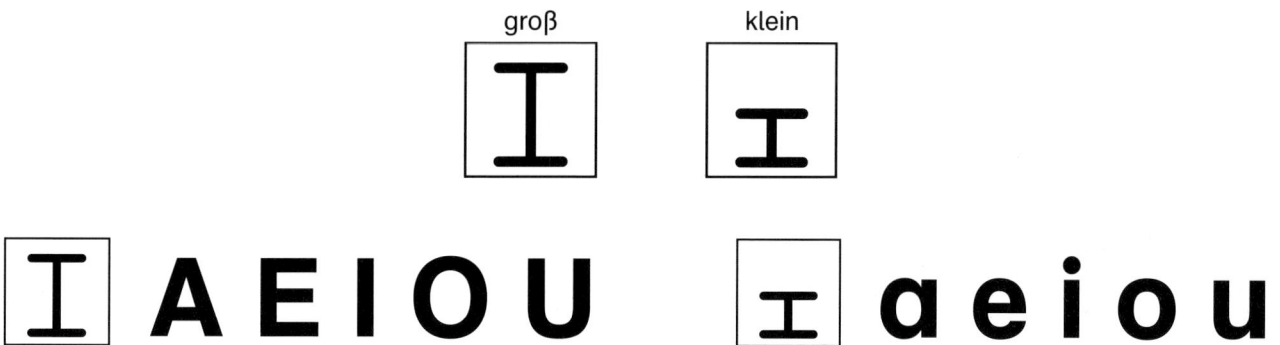

Verbinde die Buchstaben mit dem richtigen Zeichen.

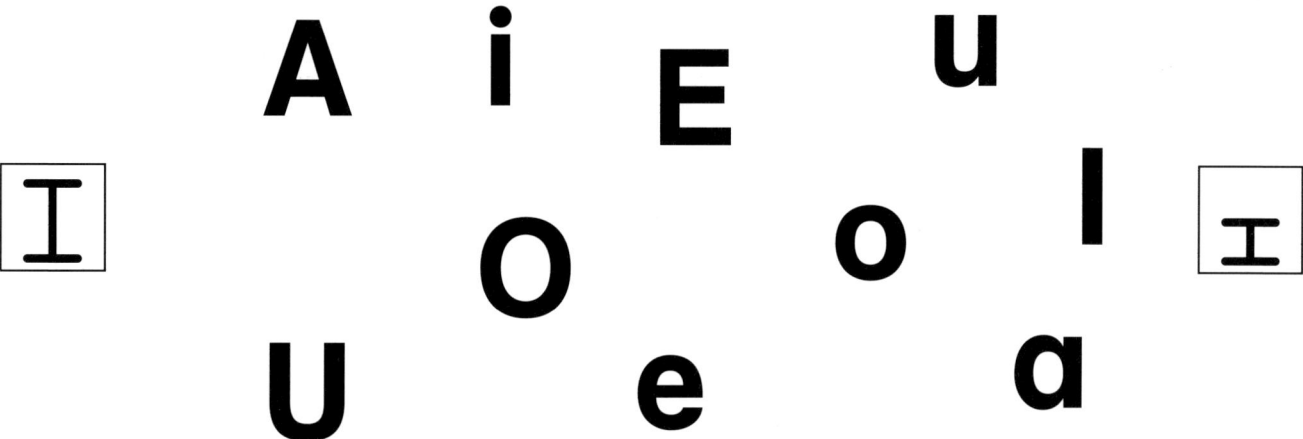

Male in das Kästchen das richtige Zeichen.

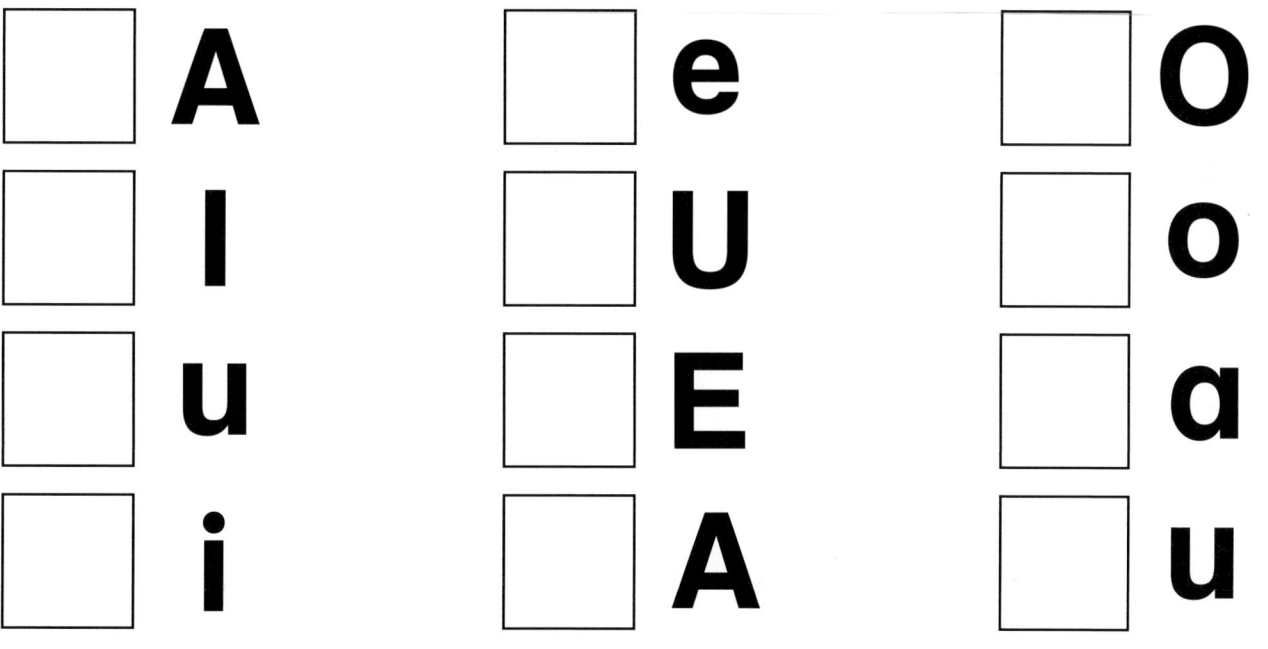

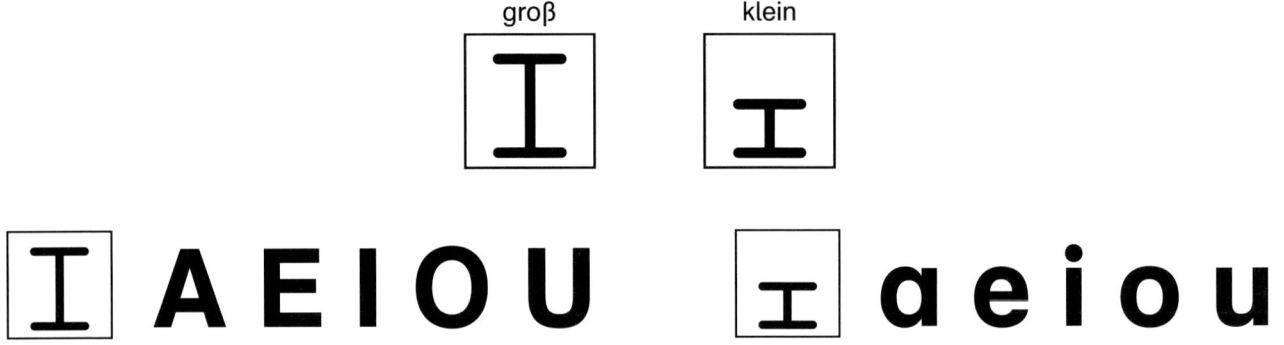

Verbinde die Buchstaben mit dem richtigen Zeichen.

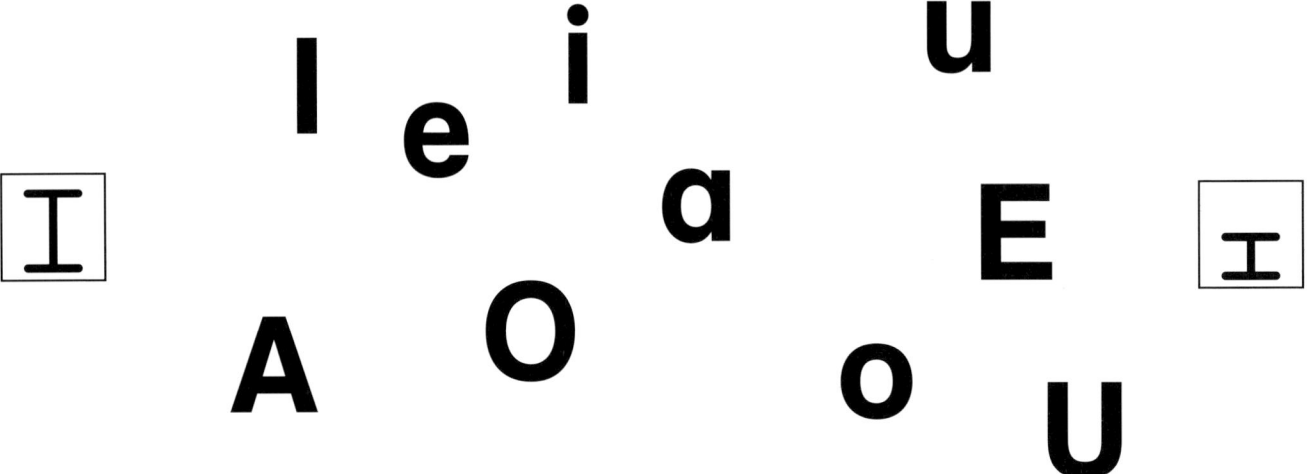

Male in das Kästchen das richtige Zeichen.

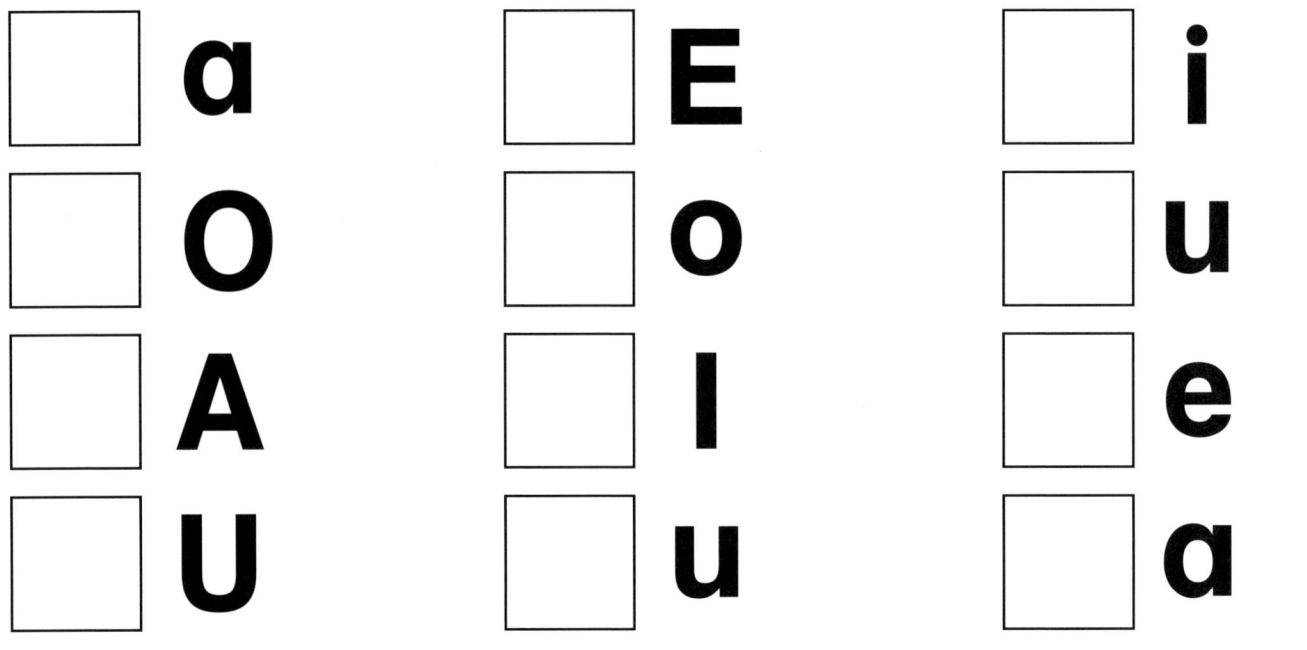

Monika Konkow: Vorübungen zum Leseerwerb
© Persen Verlag

kurz　　　　　lang

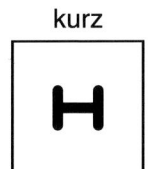 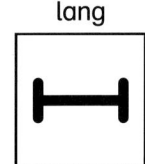

Dieser Schal ist kurz.　　　　　　　　　Dieser Schal ist lang.

Dieses Wort ist kurz.　　　　　　　　　Dieses Wort ist lang.

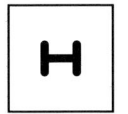 Kuh 　　　 Elefant

Verbinde mit dem richtigen Zeichen.

　　　　　　　　　　　　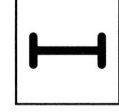

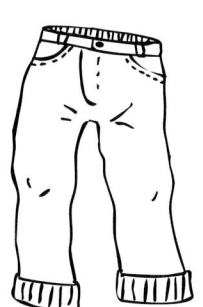　　

Maus  　Känguru

kurz   lang

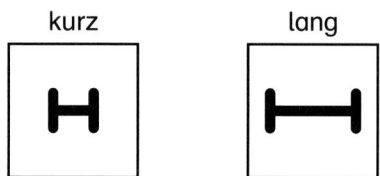

Verbinde mit dem richtigen Zeichen.

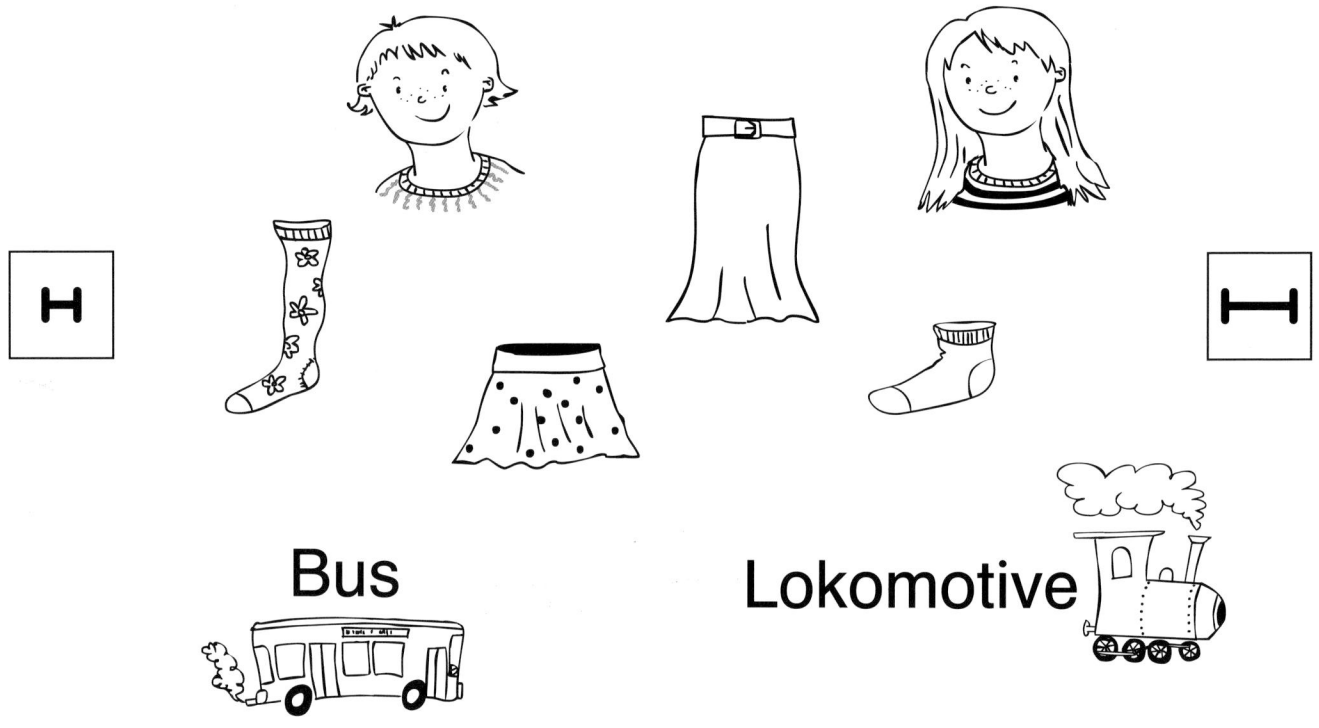

Bus

Lokomotive

Male das richtige Zeichen dazu.

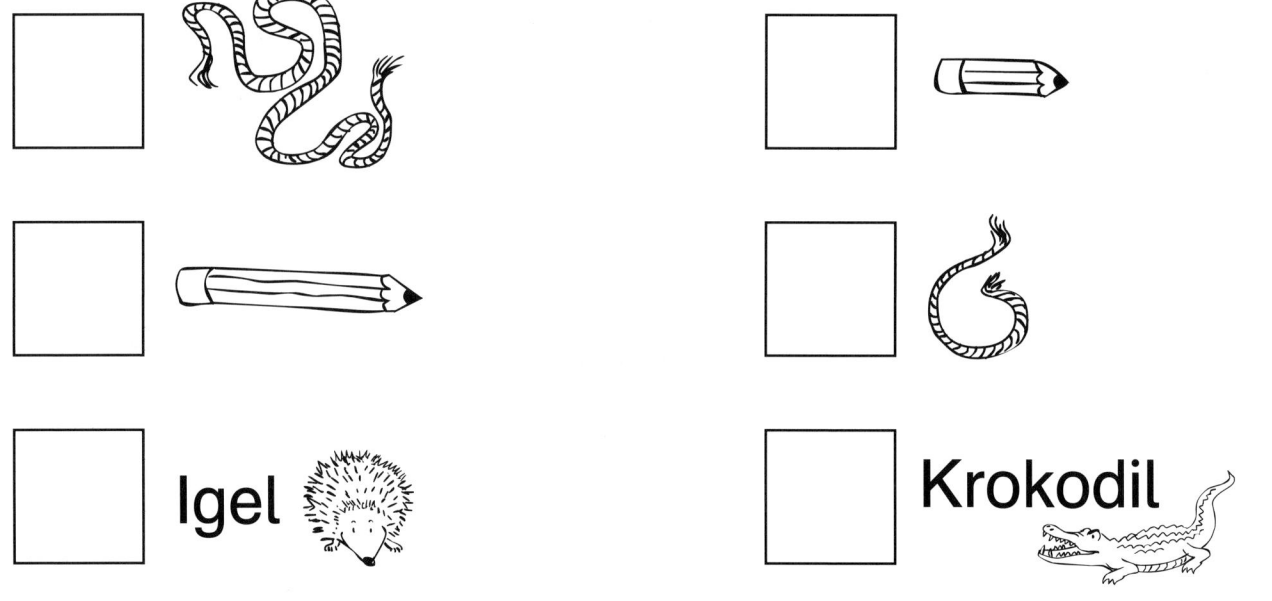

Igel

Krokodil

kurz   lang

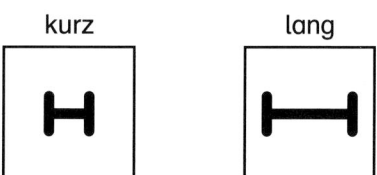

Verbinde mit dem richtigen Zeichen.

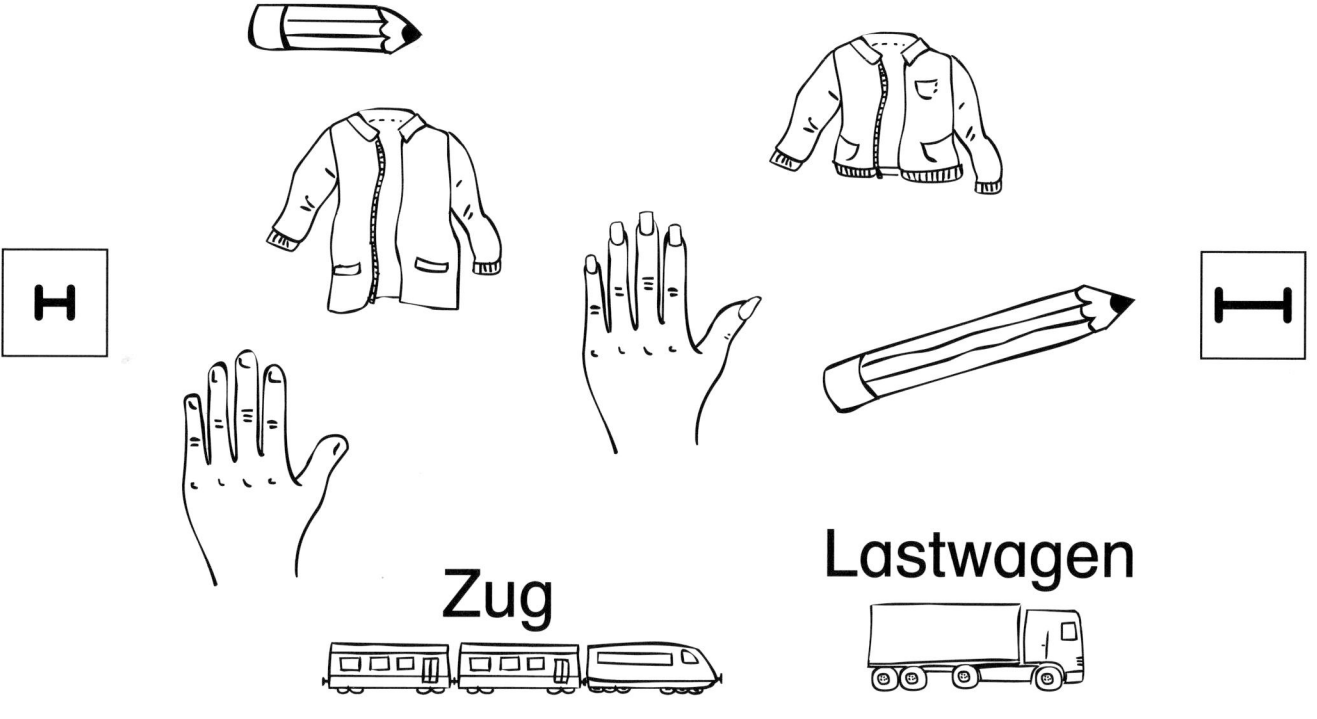

Zug

Lastwagen

Male das richtige Zeichen dazu.

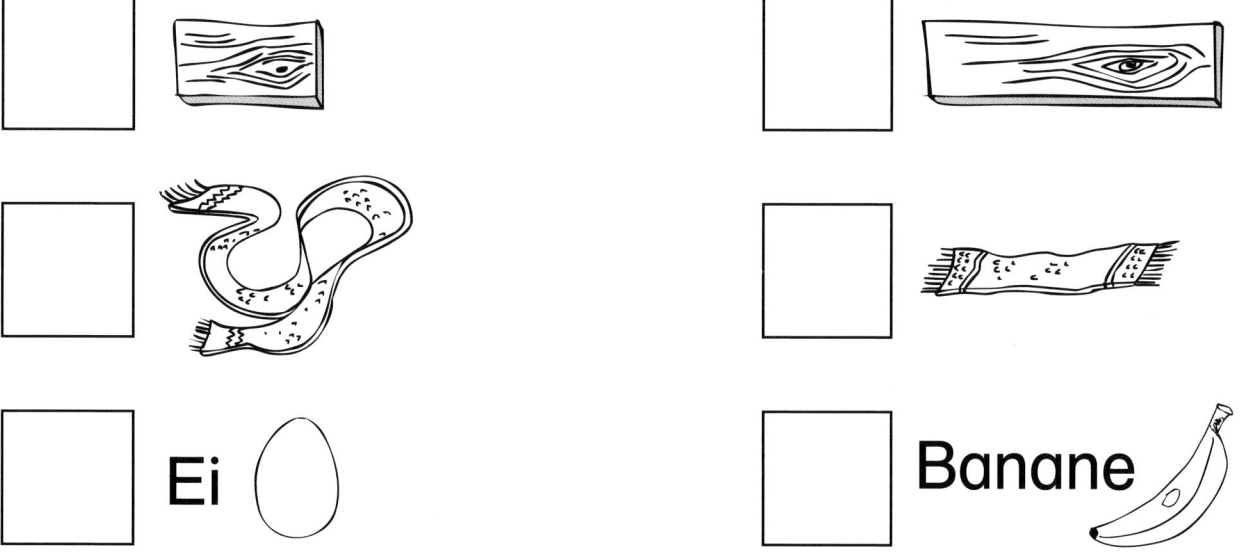

Ei

Banane

Folge diesen Linien. Erst mit den Augen, dann mit dem Finger, dann mit dem Stift. Fange beim Punkt an.

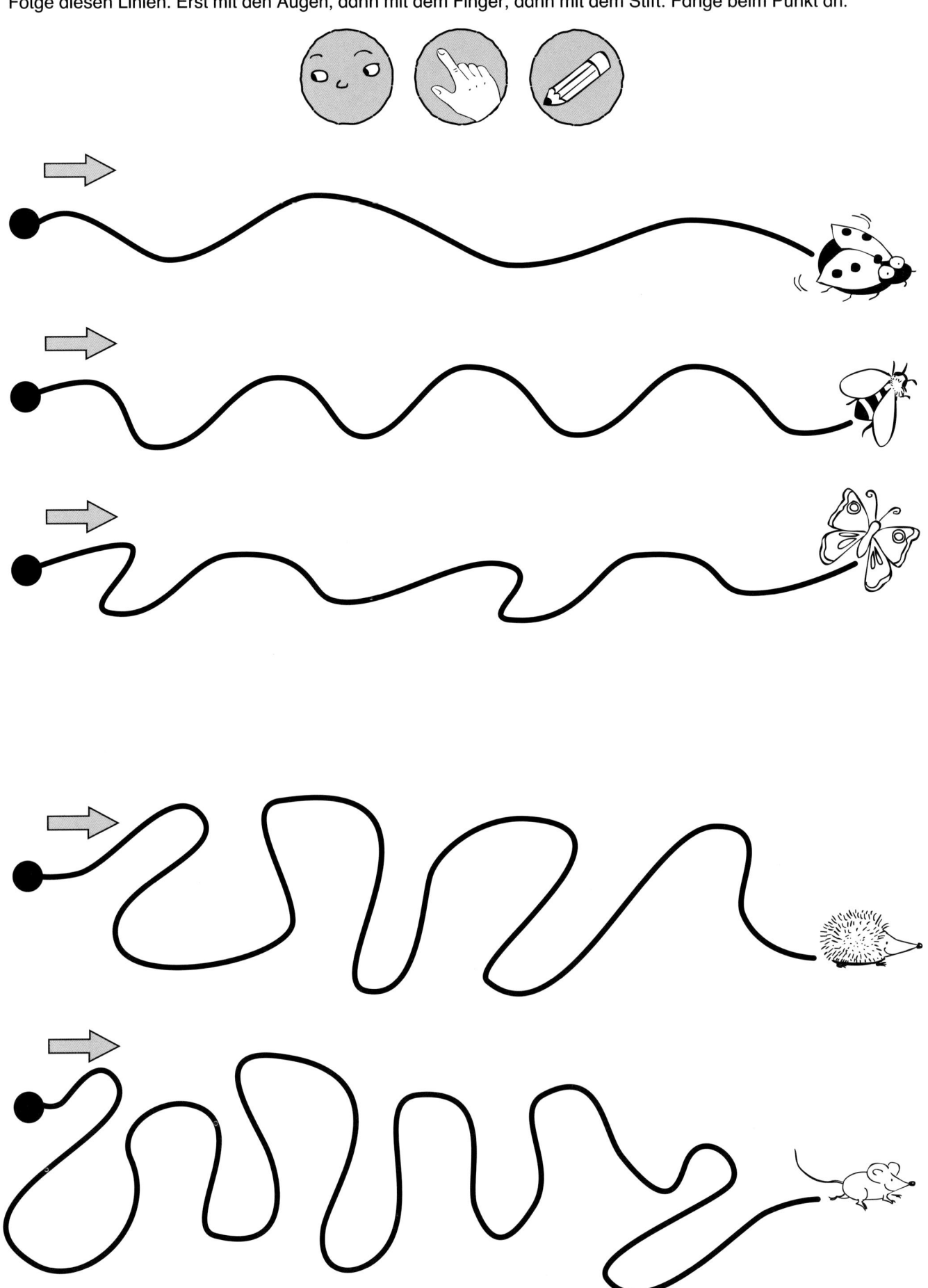

Monika Konkow: Vorübungen zum Leseerwerb
© Persen Verlag

Folge diesen Linien. Mit den Augen, mit dem Finger, mit dem Stift. Fange beim Punkt an.

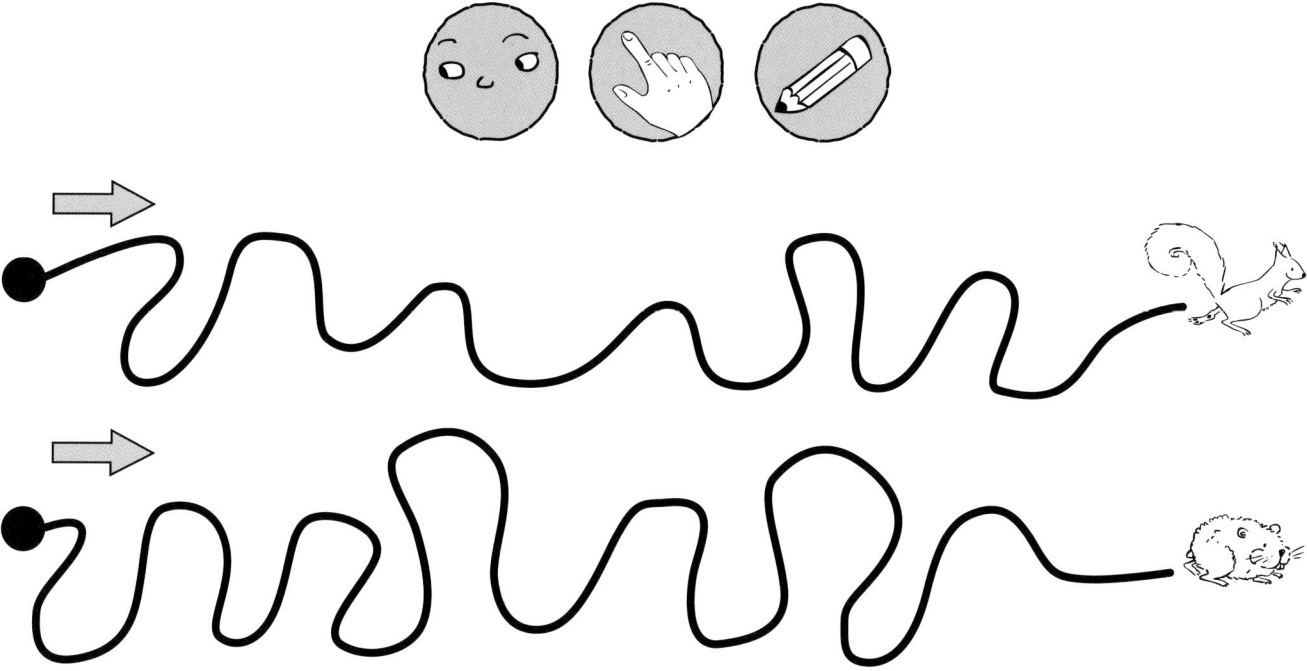

Zeichne den Anfangspunkt und den Pfeil.

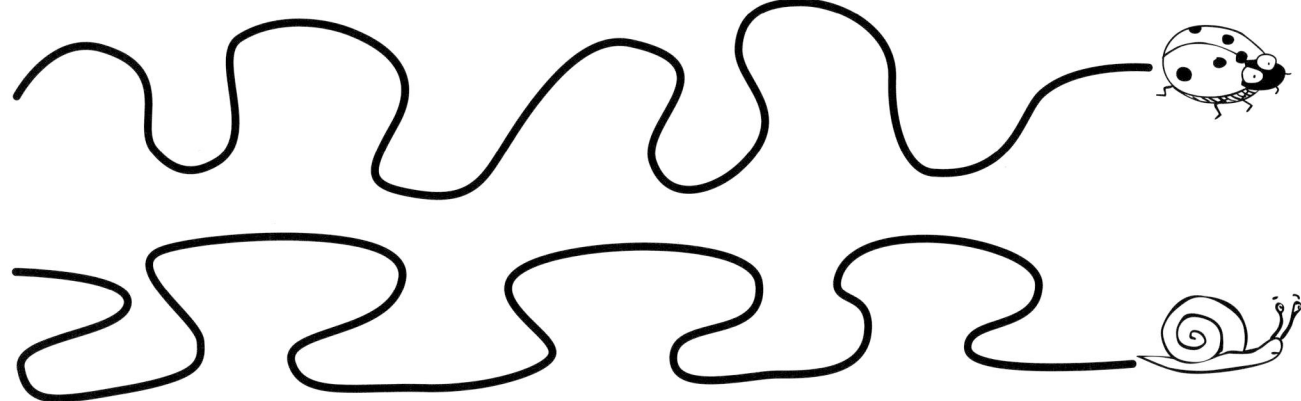

Hilf der Maus, den Weg nach Hause zu finden.
Mit:

Folge diesen Linien. Mit den Augen, mit dem Finger, mit dem Stift. Fange beim Punkt an.

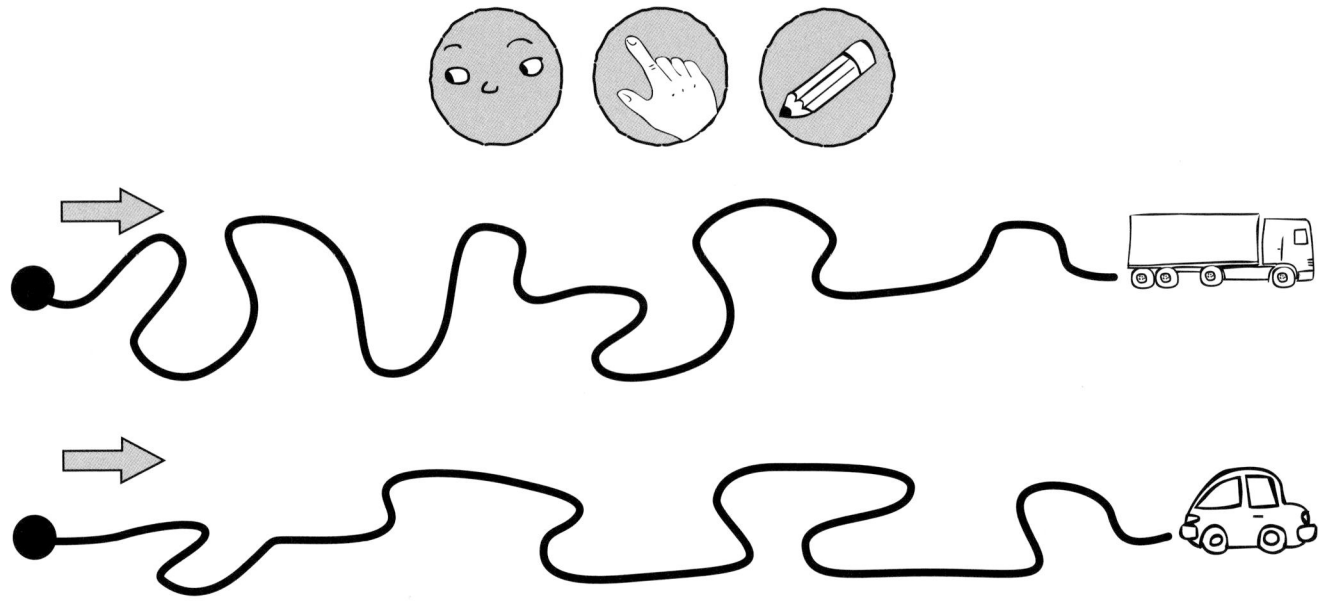

Zeichne den Anfangspunkt und den Pfeil.

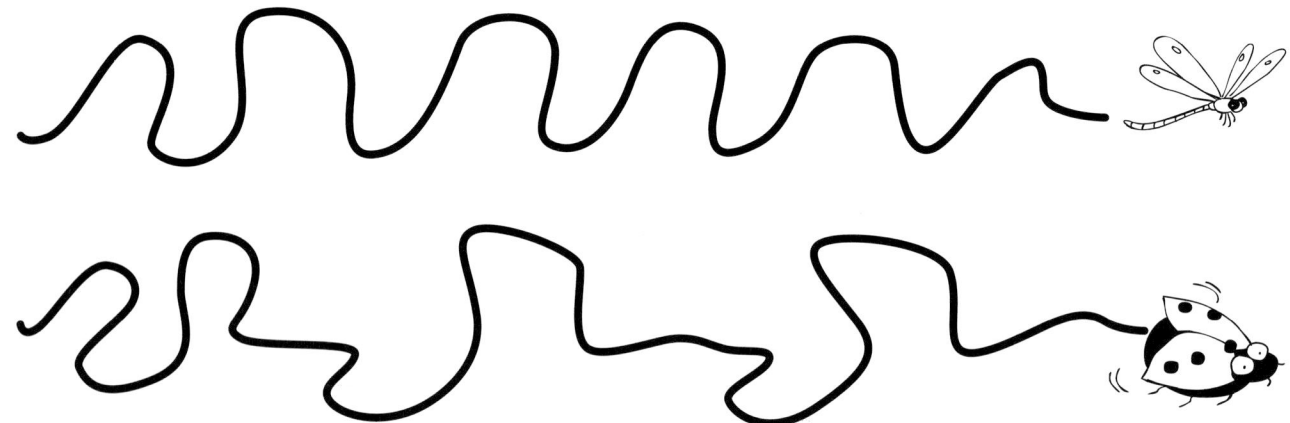

Hilf dem Igel, den Blätterhaufen zu finden.
Mit:

Monika Konkow: Vorübungen zum Leseerwerb
© Persen Verlag

Schreiben und Lesen beginnt immer am Anfang ● und geht in diese Richtung ⇨.

Verfolge die Buchstabenschlange mit:

●AEIOUAEUIOAIUAUOEIUAO

Bei mehreren Zeilen beginnen deine Augen immer wieder vorne am Anfang.
Probier es hier aus:

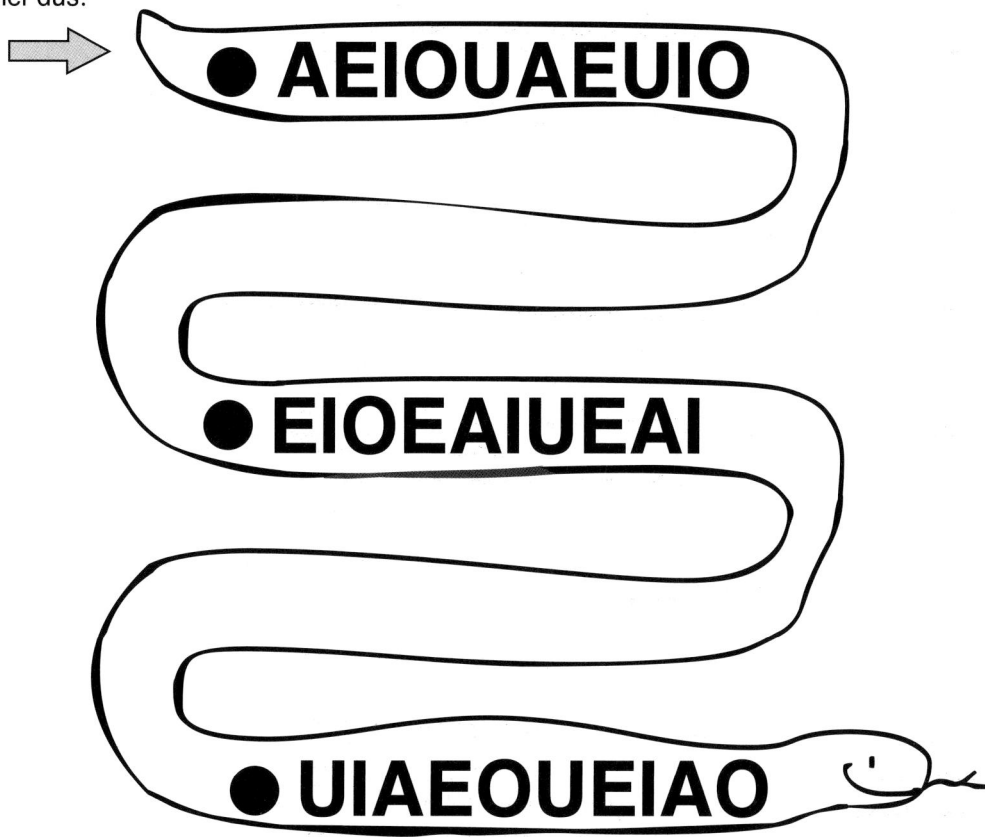

●AEIOUAEUIO
●EIOEAIUEAI
●UIAEOUEIAO

Bubu hat ganz oft seinen Namen geschrieben. Lies seinen Namen.
Der Pfeil zeigt dir die Richtung.

● Bubu Bubu Bubu Bubu Bubu

Verfolge die Wortschlange. Beginne beim Punkt und achte auf die richtige Richtung.

Mache es mit:

Bei mehreren Zeilen beginnen deine Augen immer wieder vorne am Anfang.
Probier es hier aus:

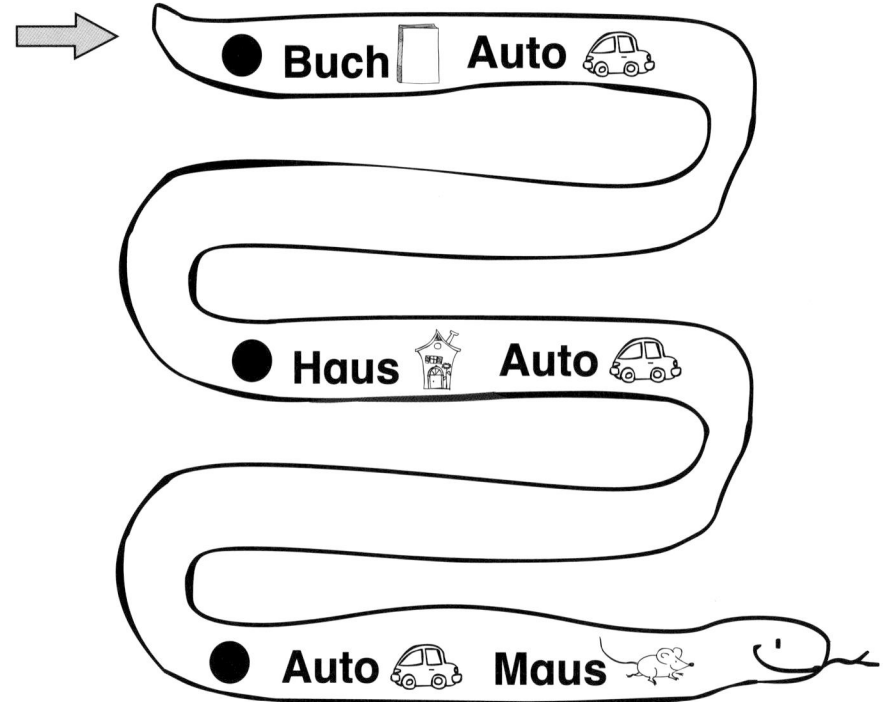

Schreibe hier deinen Namen so oft, bis die Zeile zu Ende ist.

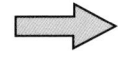

_____

Wie oft hast du deinen Namen geschrieben?

Verfolge die Wortschlange. Beginne beim Punkt und achte auf die richtige Richtung.

Mache es mit:

Deine Augen beginnen immer wieder vorne am Anfang.
Probier es hier aus:

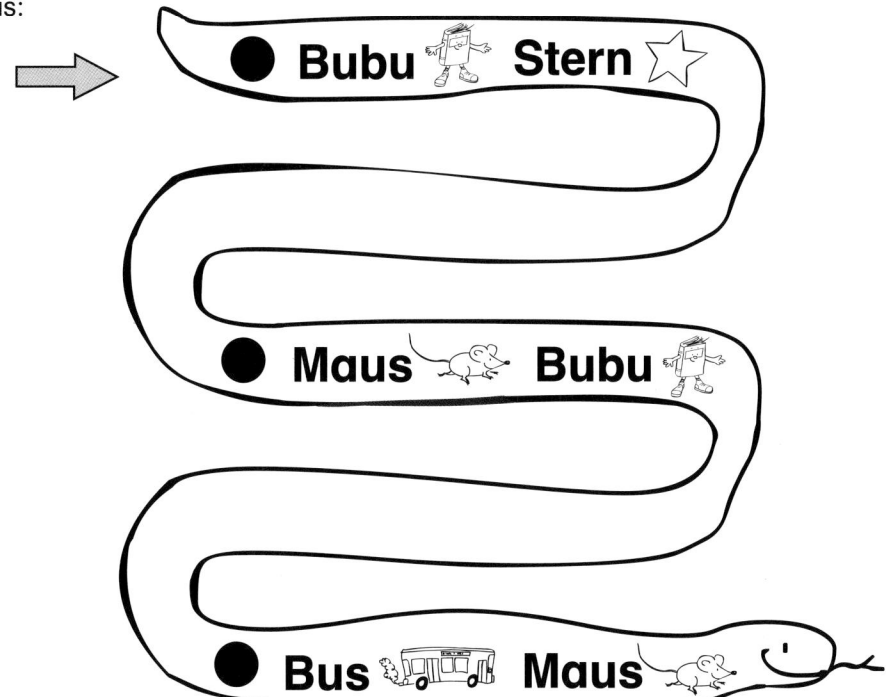

Hier steht das Wort Maus ganz oft.

● **Maus Maus Maus Maus Maus Maus**

Wie oft kannst du das Wort lesen?

Viele Buchstaben sind sehr ähnlich.

E - F   d - p   V - U

Erkenne die Unterschiede. Verbinde mit dem gleichen Buchstaben.

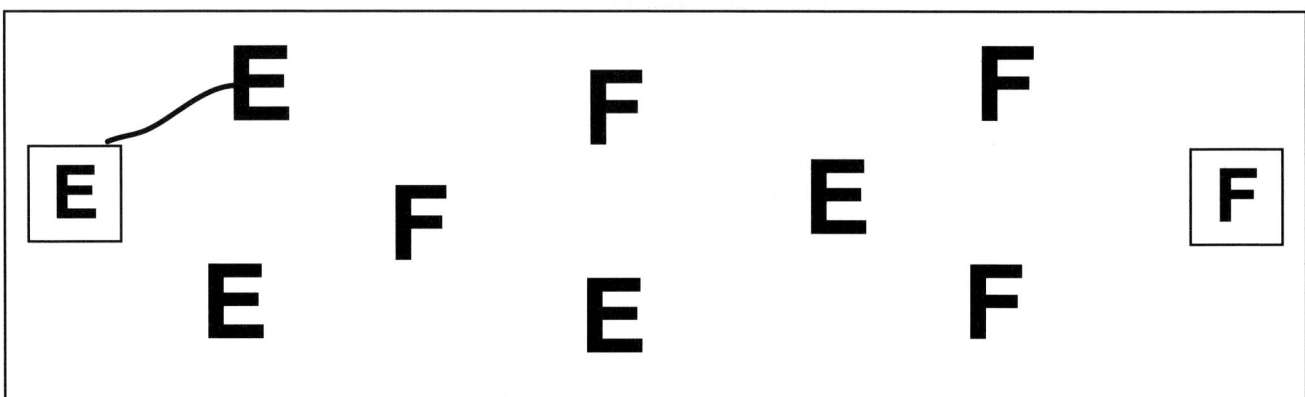

Was fehlt hier? Male die Buchstaben fertig, sodass sie so aussehen $\boxed{\text{A}}$

Streiche alle Buchstaben durch, die nicht aussehen wie $\boxed{\text{U}}$

 U V u U U V O u U v U U

Monika Konkow: Vorübungen zum Leseerwerb
© Persen Verlag

Erkenne die Unterschiede. Verbinde mit dem gleichen Buchstaben.

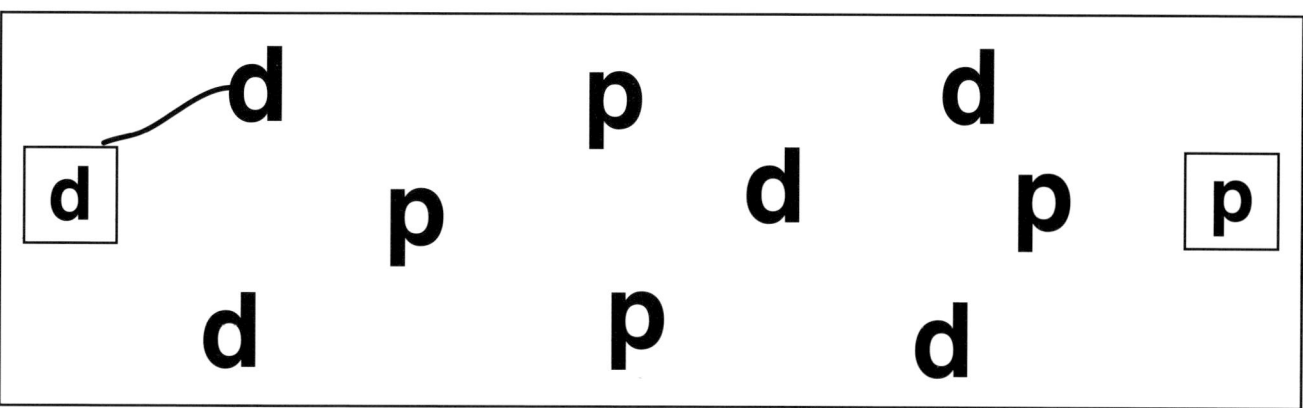

Male die Buchstaben fertig, sodass sie aussehen wie   M

N   V   N   I/   N

Streiche alle Buchstaben durch, die nicht aussehen wie   P

P D d P p P g p P D R

P P d D P p R R p P P g

Erkenne die Unterschiede. Verbinde mit dem gleichen Buchstaben.

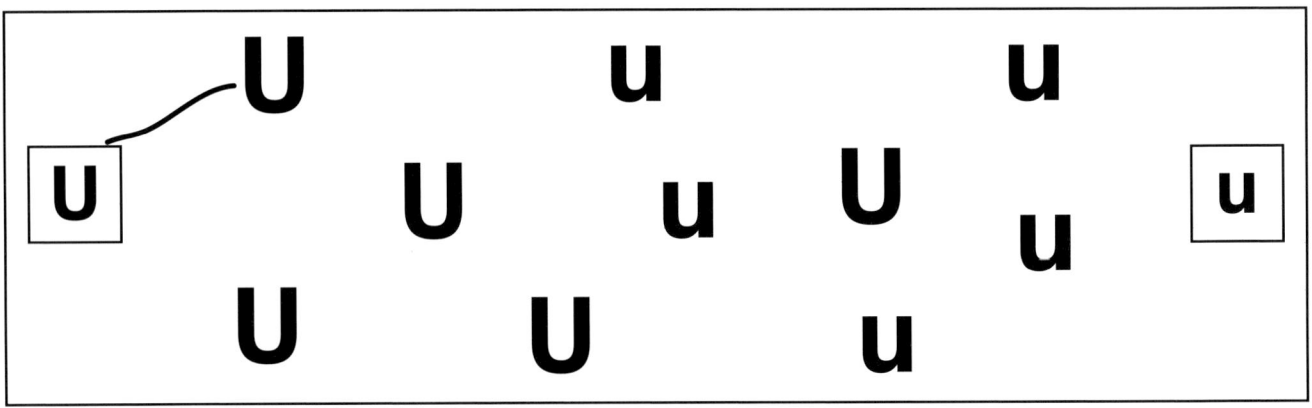

Male die Buchstaben fertig, sodass sie aussehen wie E

F   Ŀ   Ⴀ   ⸗   F

Streiche alle Buchstaben durch, die nicht aussehen wie a

a d a p a o d a p o a d

a a g ä a b a d p a o a

kurz   lang

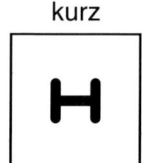   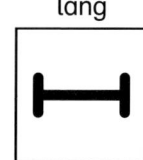

Es gibt kurze Wörter.   Es gibt lange Wörter.

  Wal      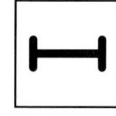 Seehund

Verbinde die Wörter mit dem richtigen Zeichen.

Maus   **Meerschweinchen**

Dinosaurier   **Hund**

   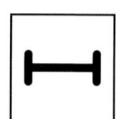

Fisch   **Seepferdchen**

kurz　　　　　lang

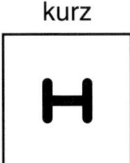　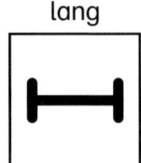

Verbinde die Wörter mit dem richtigen Zeichen.

Auto

Lokomotive

Bus

Lastwagen

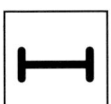

Motorrad

Zug

Male selbst das richtige Zeichen zu dem Wort.

 Zug

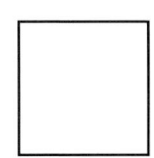 Heißluftballon

Monika Konkow: Vorübungen zum Leseerwerb
© Persen Verlag

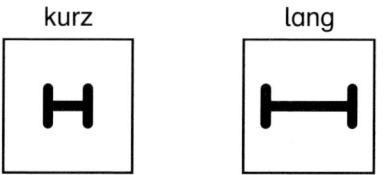

kurz | lang

Male selbst das richtige Zeichen zu dem Wort.

Ei

Mandarine

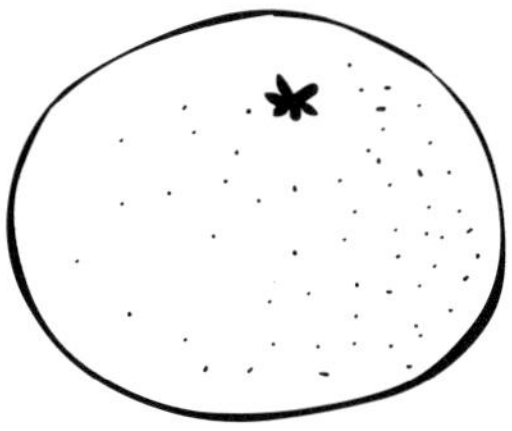

Erdbeere

Ananas

Salat

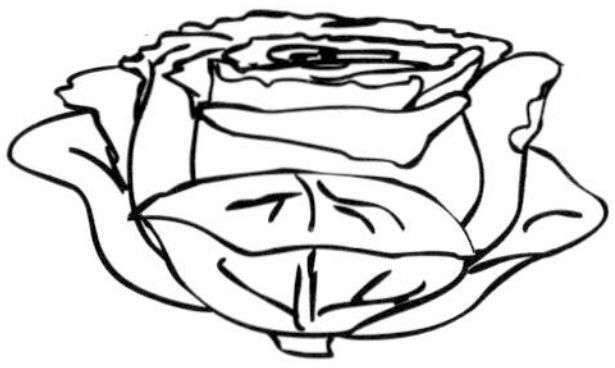

Kiwi

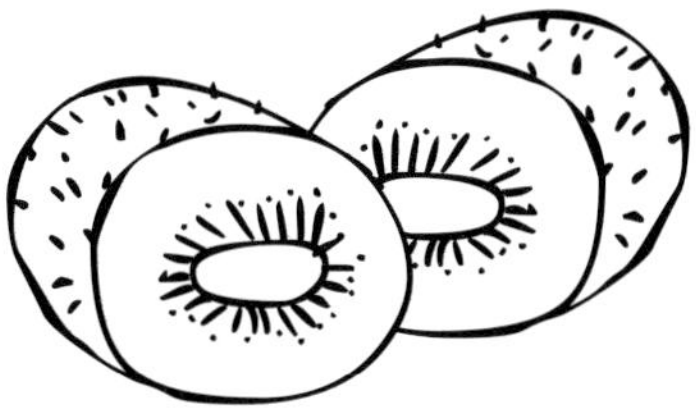

kurz   lang

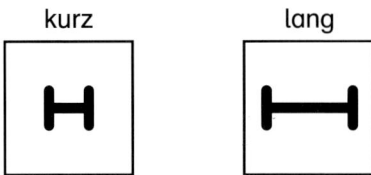

Male selbst das richtige Zeichen zu dem Wort.

Wurm

Marienkäfer

Schmetterling

Biene

Verbinde die Wörter mit dem richtigen Zeichen.

Strumpf

Pullover

Unterhose

Hut

Schal

Handschuhe

Haus

Monika Konkow: Vorübungen zum Leseerwerb
© Persen Verlag

kurz   lang

Es gibt kurze Sätze.

 Der Hund spielt.

Es gibt lange Sätze.

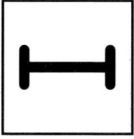 Der Hund spielt mit dem Ball.

Der Lehrer liest vor. Verbinde du mit dem richtigen Zeichen.

Die Katze frisst.

   Die Ente schwimmt.   

Die Maus versteckt sich im Mäuseloch.

kurz   lang

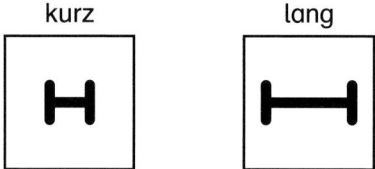

Der Lehrer liest vor. Verbinde du mit dem richtigen Zeichen.

Das ist ein Bett.

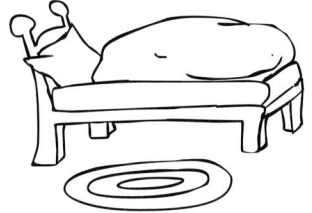

   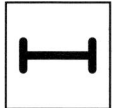

Unter dem Bett schläft der Hund.

Der Lehrer liest vor. Male du das richtige Zeichen zu dem Satz.

 Der Hase wohnt im Hasenstall.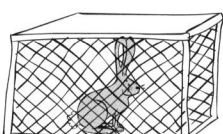

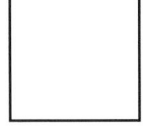 Der Hase schläft.

☐ Der Hase frisst gerne Löwenzahn.

Monika Konkow: Vorübungen zum Leseerwerb
© Persen Verlag

kurz   lang

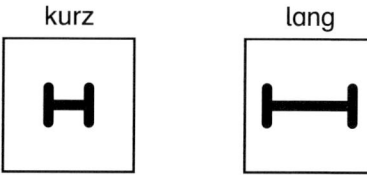

Der Lehrer liest vor. Verbinde du mit dem richtigen Zeichen.

Das Auto fährt.

   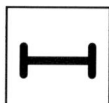

Das Auto fährt über eine große Brücke.

Der Lehrer liest vor. Male du das richtige Zeichen zu dem Satz.

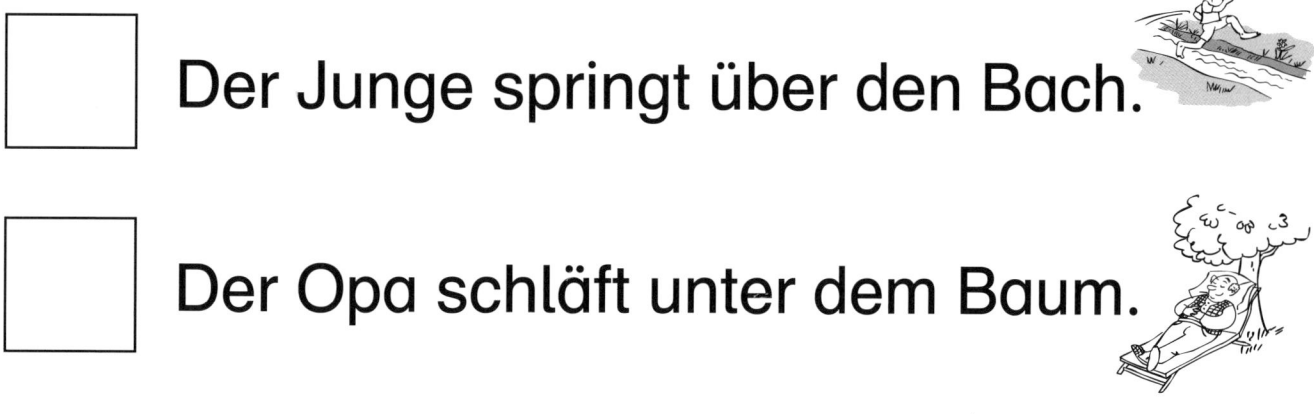

Der Junge springt über den Bach.

Der Opa schläft unter dem Baum.

Das Mädchen schaukelt.

kurz   lang

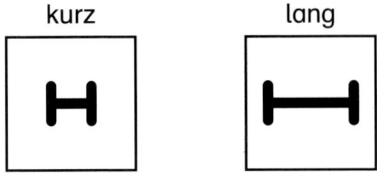

Deine Eltern lesen vor. Verbinde du mit dem richtigen Zeichen.

Bubu liest.

Bubu schreibt seinen Namen in das Buch.

Deine Eltern lesen vor. Male du das richtige Zeichen zu dem Satz.

Der Hund schläft.

Der Hund spielt mit einem Knochen.

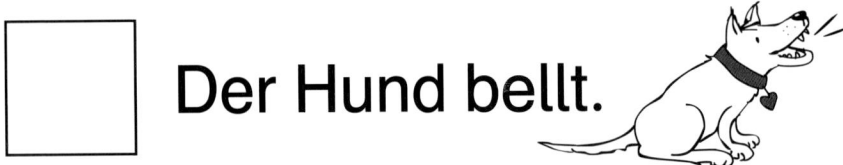

Der Hund bellt.

Monika Konkow: Vorübungen zum Leseerwerb
© Persen Verlag

Manche Wörter klingen sehr ähnlich und sehen sehr ähnlich aus.

Zange    Zunge

Welche Wörter klingen ähnlich und sehen ähnlich aus? Verbinde sie mit einem Strich.

Hund    Nagel

Nadel 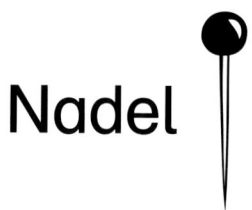   Hand

Welcher Buchstabe sieht anders aus? Male an.

Zange 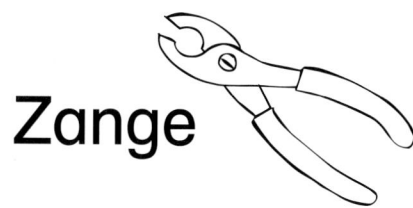   Zunge

Nase   Vase

Welche Wörter klingen ähnlich und sehen ähnlich aus? Verbinde sie mit einem Strich.

Sonne

Tasche

Hahn

Tonne

Tasse

Huhn

Welcher Buchstabe sieht anders aus? Male an.

Löwe

Möwe

Garten

Karten

Uhr

Ohr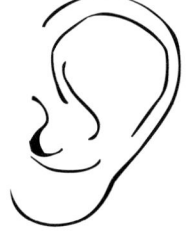

Monika Konkow: Vorübungen zum Leseerwerb
© Persen Verlag

Welche Wörter klingen ähnlich und sehen ähnlich aus? Verbinde sie mit einem Strich.

Schlüssel 　　　　Beeren

Bären 　　　　Kirche

Küche 　　　　Schüssel

Welcher Buchstabe sieht anders aus? Male an.

Topf 　　　　Kopf

Schale 　　　　Schule

Kanne 　　　　Katze

Welche Wörter klingen ähnlich und sehen ähnlich aus? Verbinde sie mit einem Strich.

Hund    Karten

Uhr    Ohr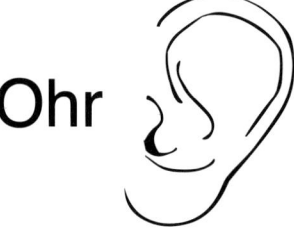

Garten    Hand

Welcher Buchstabe sieht anders aus? Male an.

Hahn    Huhn

Beeren    Bären

Tasche    Tasse

Monika Konkow: Vorübungen zum Leseerwerb
© Persen Verlag

Manche Wörter reimen sich. Sie klingen am Ende gleich. Die Wörter sehen sich ähnlich.

Hase

Nase

Welche Wörter reimen sich? Verbinde sie mit einem Strich.

Puppe

Tasche

Kuh

Suppe

Flasche

Schuh

Welcher Buchstabe sieht anders aus? Male an.

Haus

Maus

Kasse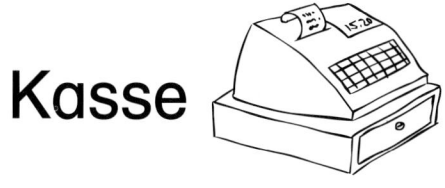

Tasse

Welche Wörter reimen sich? Verbinde sie mit einem Strich.

Tisch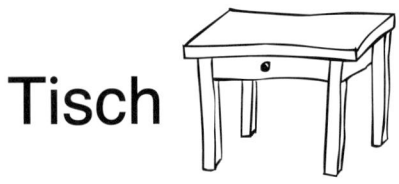

Tuch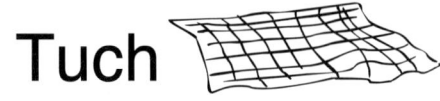

Buch

Wurm

Turm

Fisch

Welcher Buchstabe sieht anders aus? Male an.

Hose

Dose

Knopf

Topf

Ein Wort passt nicht dazu. Male nur die Reimwörter an.

Pfanne  Kanne  Haus  Tanne

Monika Konkow: Vorübungen zum Leseerwerb
© Persen Verlag

Welche Wörter reimen sich? Verbinde sie mit einem Strich.

Mund    Schal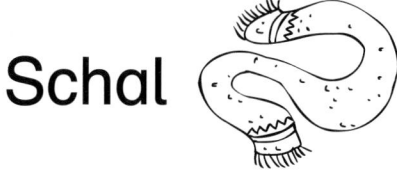

Kran    Hund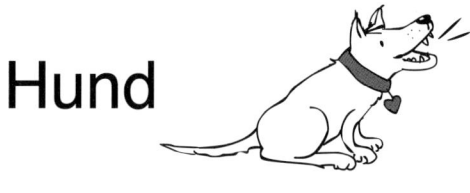

Wal    Schwan

Welcher Buchstabe sieht anders aus? Male an.

Reiter    Leiter

Fliege    Ziege

Ein Wort passt nicht dazu. Male nur die Reimwörter an.

Hose  Hund  Dose  Rose

Welche Wörter reimen sich? Verbinde sie mit einem Strich.

Schnabel 　　　　　Fliege

Wiege 　　　　　Hahn

Zahn 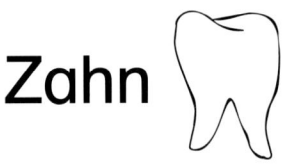　　　　　Gabel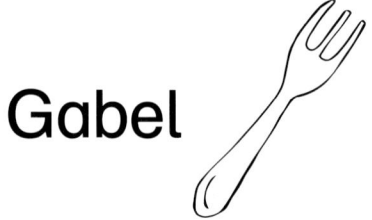

Welcher Buchstabe sieht anders aus? Male an.

Glocke 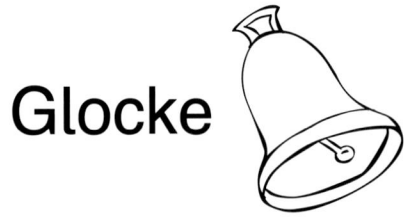　　　　　Socke

Junge 　　　　　Zunge

Ein Wort passt nicht dazu. Male nur die Reimwörter an.

Stein  Bein  Maus 　　Schwein

Monika Konkow: Vorübungen zum Leseerwerb
© Persen Verlag

Wörter bestehen aus Silben. Damit du besser hörst, wie viele Silben das Wort hat, kannst du es klatschen.
Unter dem Wort kannst du Silbenbögen malen.

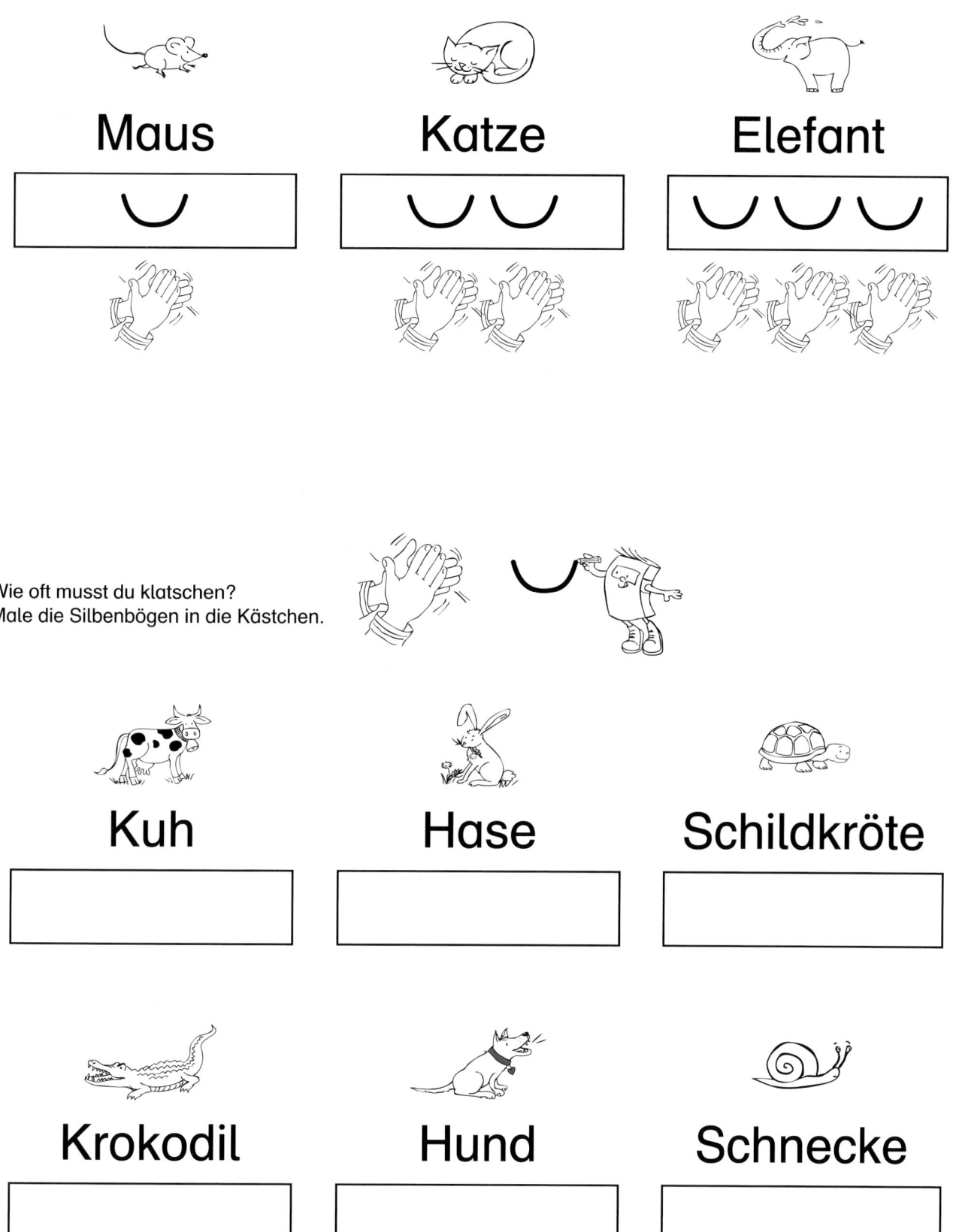

Maus

Katze

Elefant

Wie oft musst du klatschen?
Male die Silbenbögen in die Kästchen.

Kuh

Hase

Schildkröte

Krokodil

Hund

Schnecke

Wie oft musst du klatschen?
Male die Silbenbögen in die Kästchen.

Hose

Schal

Pullover

Mütze

Strumpfhose

Jacke

Verbinde die Bilder mit den Silbenbögen.

Monika Konkow: Vorübungen zum Leseerwerb
© Persen Verlag

Wie oft musst du klatschen?
Male die Silbenbögen in die Kästchen.

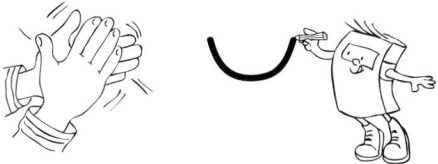

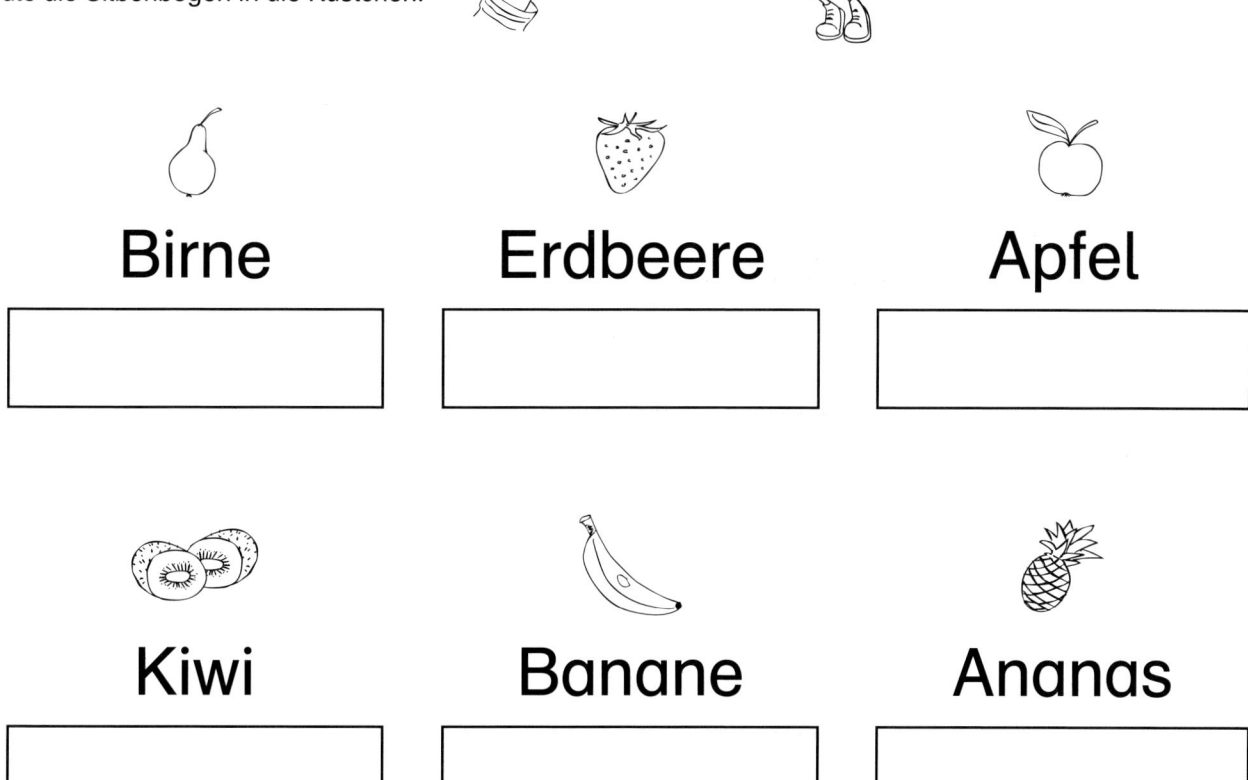

Birne

Erdbeere

Apfel

Kiwi

Banane

Ananas

Verbinde die Bilder mit den Silbenbögen.

Wie oft musst du klatschen?
Male die Silbenbögen in die Kästchen.

Elefant

Hut

Zitrone

Hund

Stiefel

Kirsche

Verbinde die Bilder mit den Silbenbögen.

Monika Konkow: Vorübungen zum Leseerwerb
© Persen Verlag

Das ist ein großes    **Das ist ein kleines**

Diese Wörter beginnen mit A.

Ameise  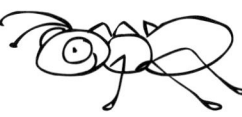   Affe

Apfel    Ampel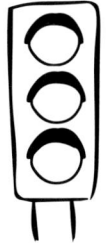

Bei dem Wort Affe ist das A am Wortanfang

Bei dem Wort Schaf ist das a in der Wortmitte

Bei dem Wort Oma ist das a am Wortende

| X | | |

| | X | |

| | | X |

Affe 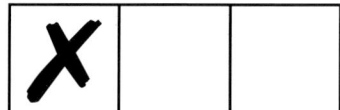     Schaf     Oma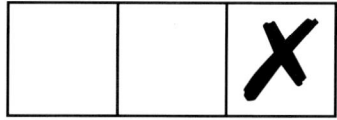

Kreuze an. Wo ist bei dem Wort Arm das A?

| | | |

Arm

Das ist ein großes

A

Das ist ein kleines

a

Kreuze an. Wo hörst du das A?.

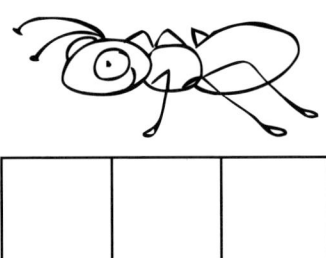

Ameise

Katze

Opa

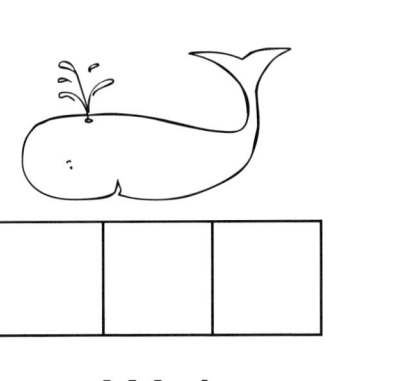

Wal

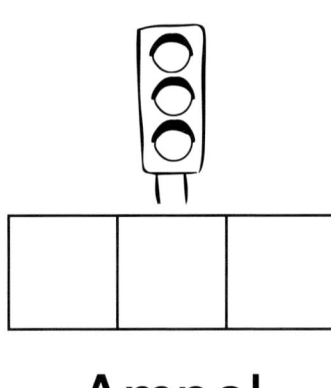

Ampel

Hase

Male in den Bilderrahmen einen Apfel.
Wo hörst du das A?

Apfel

Monika Konkow: Vorübungen zum Leseerwerb
© Persen Verlag

Das ist ein großes

Das ist ein kleines

Welches Wort beginnt mit A? Male es an.

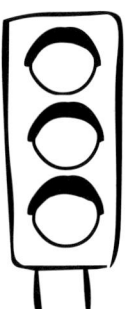

Kreuze an. Wo hörst du das A?

Hahn   Arm   Rabe

Das ist ein großes

Das ist ein kleines

Welches Wort beginnt mit A? Male es an.

Kreuze an. Wo hörst du das A?

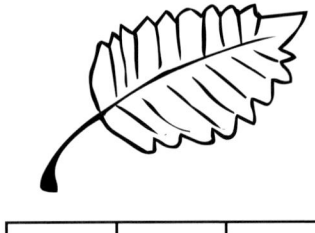

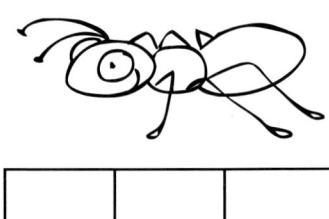

Blatt

Oma

Ameise

Male in den Bilderrahmen einen Ball.
Wo hörst du das A?

Ball

Monika Konkow: Vorübungen zum Leseerwerb
© Persen Verlag

Das ist ein großes

Das ist ein kleines

Diese Wörter beginnen mit E.

Esel

Elefant

Ente

Erdbeere

Bei dem Wort Elf ist das E
am Wortanfang

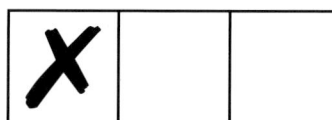

Elf **11**

Bei dem Wort Berg ist das e
in der Wortmitte

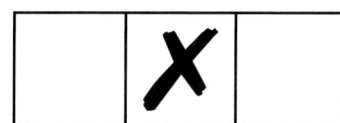

Berg

Bei dem Wort Blume ist
das e am Wortende

Blume

Kreuze an. Wo hörst du das e?

Sonne

Das ist ein großes

Das ist ein kleines

Kreuze an. Wo hörst du das E? Manchmal hörst du das E zweimal.

Esel

Hase

Möwe

Stern

Schnecke

Fische

Male in den Bilderrahmen eine Ente.
Wo hörst du das E?

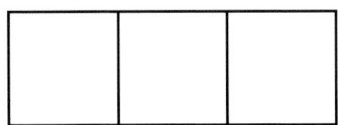

Ente

Monika Konkow: Vorübungen zum Leseerwerb
© Persen Verlag

Das ist ein großes

Das ist ein kleines

Welches Wort beginnt mit E? Male es an.

Kreuze an. Wo hörst du das E? Manchmal hörst du das E zweimal.

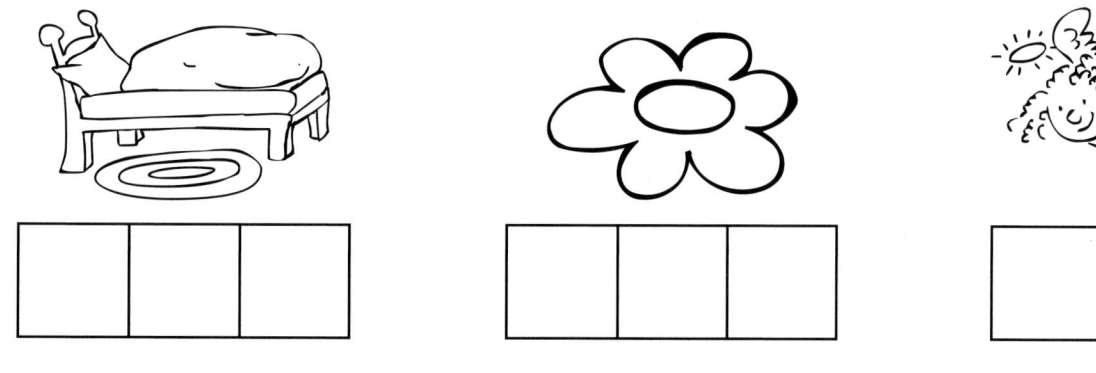

Bett   **Blume**   **Engel**

Das ist ein großes

Das ist ein kleines

Welches Wort beginnt mit E? Male es an.

Kreuze an. Wo hörst du das E? Manchmal hörst du das E zweimal.

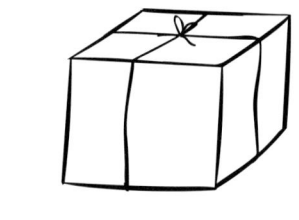

Paket

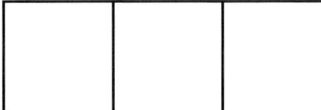

Erdbeere

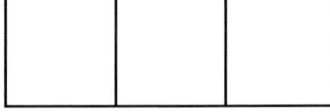

Vase

Male in den Bilderrahmen eine Schlange.
Wo hörst du das E?

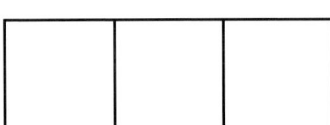

Schlange

Monika Konkow: Vorübungen zum Leseerwerb
© Persen Verlag

Das ist ein großes

Das ist ein kleines

Diese Wörter beginnen mit I.

Igel

Insel

Indianer

Iglu

Bei dem Wort Igel ist das I
am Wortanfang

X		

Igel

Bei dem Wort Tisch ist das i
in der Wortmitte

	X	

T_isch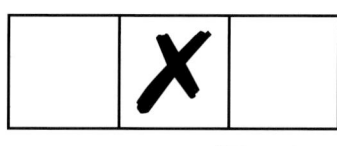

Bei dem Wort Omi ist das i
am Wortende

		X

Omi_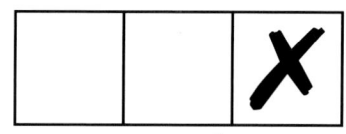

Kreuze an. Wo hörst du das I?

Iglu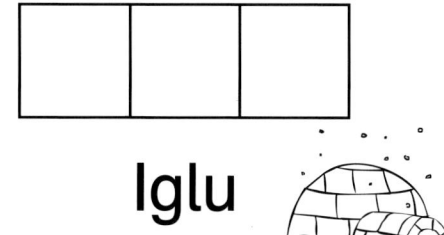

Das ist ein großes   **Das ist ein kleines**

Kreuze an. Wo hörst du das I?

Kirsche

Insel

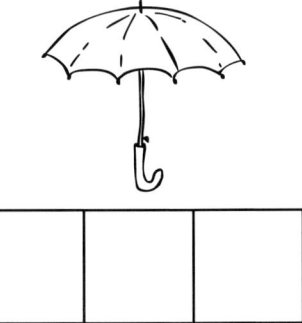

Schirm

Ski

Stift

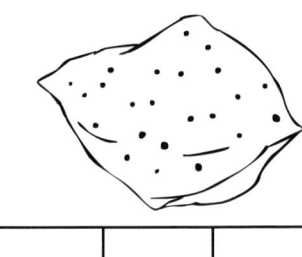

Kissen

Male in den Bilderrahmen einen Tisch.
Wo hörst du das I?

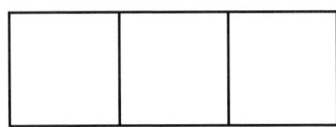

Tisch

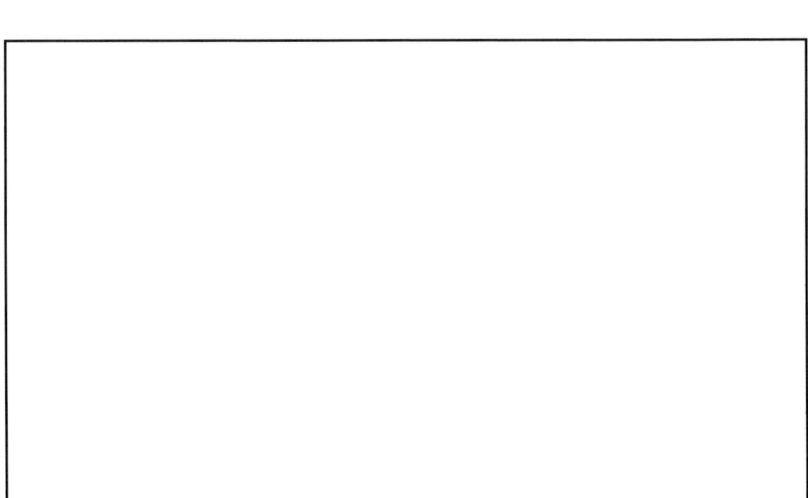

Monika Konkow: Vorübungen zum Leseerwerb
© Persen Verlag

Das ist ein großes

Das ist ein kleines

Welches Wort beginnt mit I? Male es an.

Kreuze an. Wo hörst du das I?

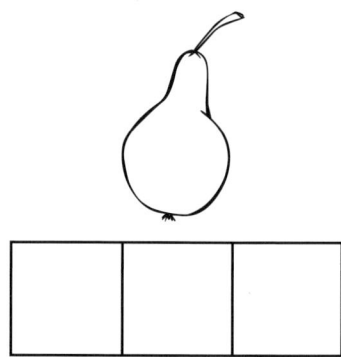

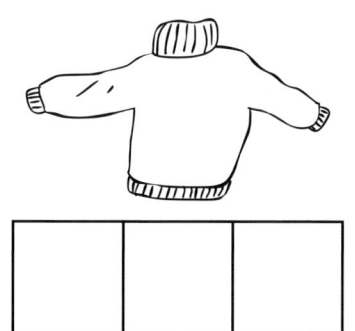

Birne

Pulli

Tiger

Das ist ein großes    **Das ist ein kleines**

Welches Wort beginnt mit I? Male es an.

Kreuze an. Wo hörst du das I?

Ski   Giraffe   Paprika

Male in den Bilderrahmen einen Igel.
Wo hörst du das I?

Igel

Monika Konkow: Vorübungen zum Leseerwerb
© Persen Verlag

Das ist ein großes

Das ist ein kleines

Diese Wörter beginnen mit O.

Ohr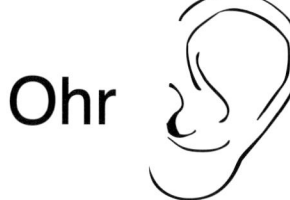

Obst

Oma

Ostereier

Bei dem Wort Obst ist das O am Wortanfang

Bei dem Wort Dose ist das o in der Wortmitte

Bei dem Wort Auto ist das o am Wortende

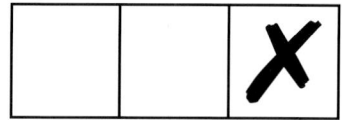

Obst

Dose

Auto

Kreuze an. Wo hörst du das O?

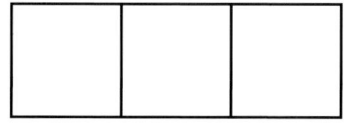

Ohr

Das ist ein großes

Das ist ein kleines

Kreuze an. Wo hörst du das O?

Tomate

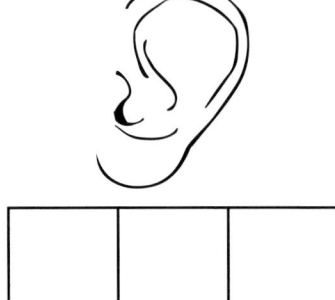

Ohr

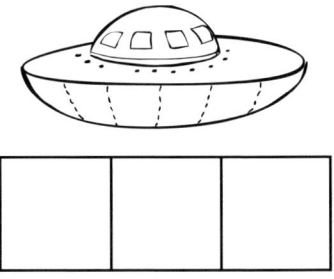

Ufo

Ofen

Vogel

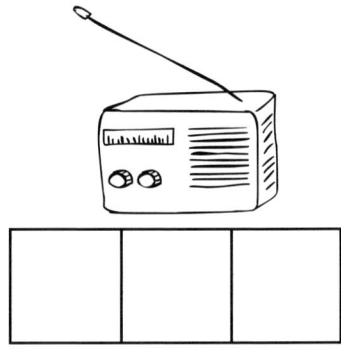

Radio

Male in den Bilderrahmen eine Hose.
Wo hörst du das O?

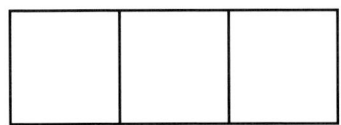

Hose

Monika Konkow: Vorübungen zum Leseerwerb
© Persen Verlag

Das ist ein großes

Das ist ein kleines

Welches Wort beginnt mit O? Male es an.

Kreuze an. Wo hörst du das O?

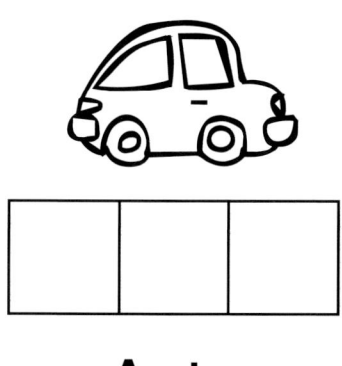

Auto

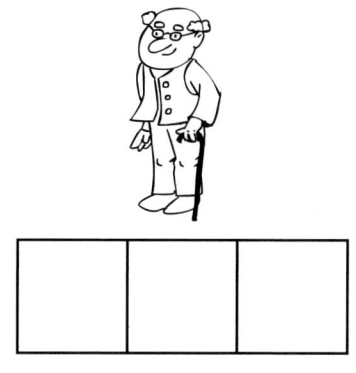

Opa

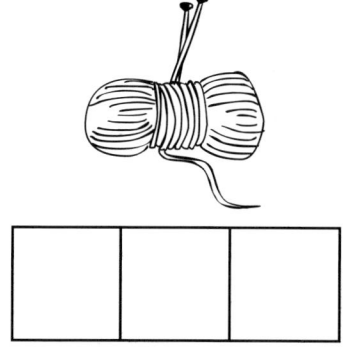

Wolle

Das ist ein großes  **Das ist ein kleines**

Welches Wort beginnt mit O? Male es an.

Kreuze an. Wo hörst du das O?

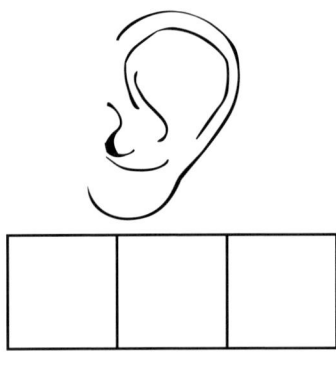 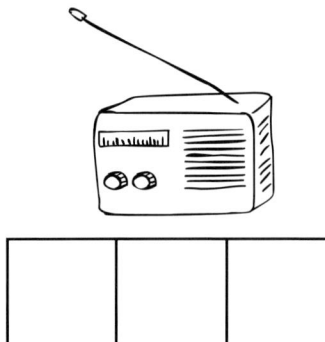 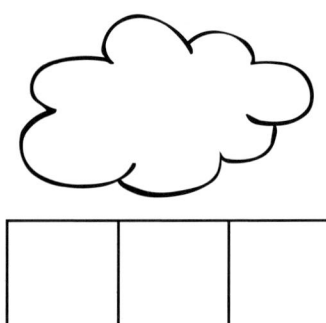

Ohr Radio Wolke

Male in den Bilderrahmen einen Ballon.
Wo hörst du das O?

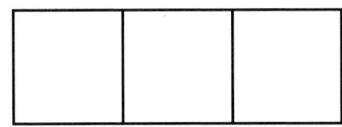

Ballon

Monika Konkow: Vorübungen zum Leseerwerb
© Persen Verlag

Das ist ein großes    **Das ist ein kleines**

Diese Wörter beginnen mit U.

Ufo 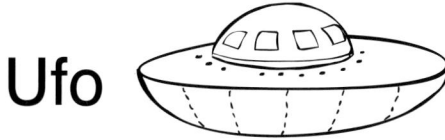   Unterhose

Uhu    Uhr

Bei dem Wort Ufo ist das U am Wortanfang

Bei dem Wort Hut ist das u in der Wortmitte

Bei dem Wort Kanu ist das u am Wortende

X		

U̲fo

	X	

Hu̲t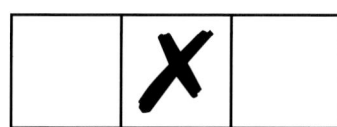

		X

Kanu̲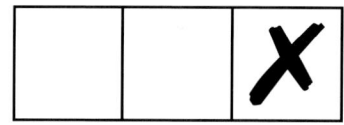

Kreuze an. Wo hörst du das U?

Uhr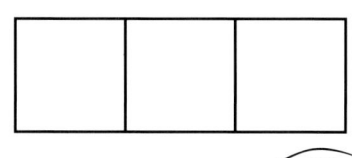

Das ist ein großes

Das ist ein kleines

Kreuze an. Wo hörst du das U?

Bus

Kanu

Ufo

Wurst

Hund

Uhr

Male in den Bilderrahmen einen Wurm.
Wo hörst du das U?

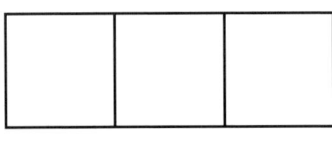

Wurm

Monika Konkow: Vorübungen zum Leseerwerb
© Persen Verlag

Das ist ein großes

Das ist ein kleines

Welches Wort beginnt mit U? Male es an.

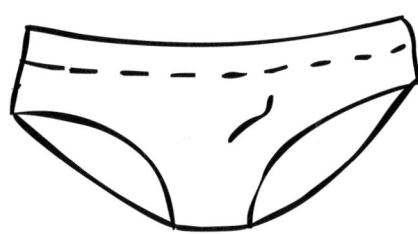

Kreuze an. Wo hörst du das U?

Känguru

Huhn

Uhu

Das ist ein großes

Das ist ein kleines

Welches Bild beginnt mit U? Male es an.

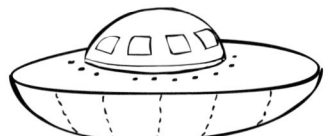

Kreuze an. Wo hörst du das U?

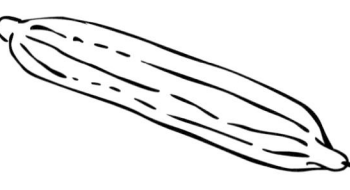

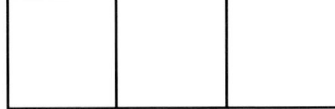

U-Boot   Kanu   Gurke

Male in den Bilderrahmen eine Blume.
Wo hörst du das U?

Blume

Monika Konkow: Vorübungen zum Leseerwerb
© Persen Verlag

A wie Apfel

E wie Elefant

I wie Igel

O wie Oma

U wie Uhu

Es gibt große Buchstaben und kleine Buchstaben:

A   a
E   e
I   i
O   o
U   u

Kennst du die Buchstaben von deinem Namen? Schreibe deinen Namen in den Rahmen.

Hier siehst du verschiedene Buchstaben:

A a E e I i O o U u

Male nur die Buchstaben an.

A	E	i	)	1	o
U		a		O	e
E	o	5	a	+	A
8	u	I		=	U
A	3	i	)		O

Schreibe Bubus Namen in den Rahmen.

B u b u

Hier siehst du verschiedene Buchstaben:

A a E e I i O o U u

Male nur die Buchstaben an.

A	E	i	)	1	o
U	a	=	O	e	
E	o	8	a	+	A

Hier siehst du Buchstaben und Bilder. Male nur die Buchstaben an.

A E I O U a e i o u

Schreibe deinen Namen.

Wörter bestehen aus großen und kleinen Buchstaben.

Bubu
↑ ↑

Es gibt lange Wörter.

Elefant

Es gibt kurze Wörter.

Uhu

Zwischen zwei Wörtern ist immer ein bisschen Platz.

Bubu liest
↑

Schreibe in den Rahmen deinen Namen und Bubus Namen.

_____　　_____

Bubu

Monika Konkow: Vorübungen zum Leseerwerb
© Persen Verlag

Hier siehst du verschiedene Wörter. Kreise jedes Wort ein.

Bubu Igel Oma Elefant Apfel

Es gibt hier Wörter und einzelne Buchstaben. Kreise nur die Wörter ein.

Uhu   A   Apfel   E   U   Haus   O

Elefant O Oma I Affe U E Esel

Hier siehst du verschiedene Wörter. Kreise jedes Wort ein.

Uhu Bubu Esel Affe Löwe

Es gibt hier Wörter und einzelne Buchstaben. Kreise nur die Wörter ein.

Igel A Esel O I Hase U E

Wal O Bubu Katze U E Mond

Monika Konkow: Vorübungen zum Leseerwerb
© Persen Verlag

Ein Satz besteht aus mehreren Wörtern.

Bubu liest ein Buch.

Es gibt kurze Sätze.

Der Hund springt.

Es gibt lange Sätze.

Der Hund springt über einen Baumstamm.

Nach jedem Satz kommt immer ein Satzzeichen.

Der Hund springt. Er möchte den Schmetterling fangen.

Hier siehst du zwei Sätze. Male den kurzen Satz rot und den langen Satz gelb an.

Die Katze schläft. Sie liegt in einem Korb.

Male hier immer den kurzen Satz rot und den langen Satz gelb an.

Die Giraffe frisst die Blätter vom Baum. Sie ist groß.

Der Affe klettert. Er möchte gerne die Kokosnüsse holen.

Monika Konkow: Vorübungen zum Leseerwerb
© Persen Verlag

Hier siehst du zwei Sätze. Male den kurzen Satz rot und den langen Satz gelb an.

Bubu liest. Er mag am liebsten Tierbücher.

Male hier immer den kurzen Satz rot und den langen Satz gelb an.

Die Maus rennt. Sie läuft vor der Katze davon.

Der Hund liegt in der Hundehütte. Er will schlafen.

Damit Wörter und Sätze nicht schief stehen, braucht man Zeilen.

Es gibt sichtbare Zeilen.　　　　　　　　　　Es gibt unsichtbare Zeilen.

Bubu　　　　　　　　# Bubu

Wie viele Zeilen siehst du hier? Schreibe es in das Kästchen.

Der Hund springt über einen
Baumstamm. Er möchte gerne
den Schmetterling fangen.

Bubu liest gerade ein Buch.
Er sieht darin Affen und Elefanten.

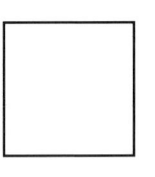

Schreibe auf diese Zeile deinen Namen.

Monika Konkow: Vorübungen zum Leseerwerb
© Persen Verlag

Wie viele Zeilen siehst du hier? Schreibe es in das Kästchen.

Der Affe klettert auf die Palme.
Er möchte die Kokosnüsse holen.

Die Maus läuft vor der Katze davon. Sie versteckt sich in ihrem Mauseloch. Die Katze kann nicht zu ihr.

Schreibe auf diese Zeile Bubus Namen.

Wie viele Zeilen siehst du hier? Schreibe es in das Kästchen.

Die Giraffe frisst die Blätter vom Baum.
Sie kommt bis zur Spitze hoch.

Der Hund liegt in der Hundehütte.
Er will gerne schlafen. Die Fliege
stört ihn immer wieder.

Schreibe auf diese Zeile deinen Namen.

Monika Konkow: Vorübungen zum Leseerwerb
© Persen Verlag

zuerst dann zuletzt

Zuerst nimmt Bubu einen Stift.

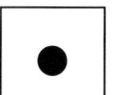

Dann schreibt Bubu seinen Namen.

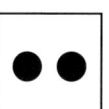

Zuletzt unterstreicht Bubu seinen Namen.

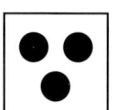

zuerst   dann   zuletzt

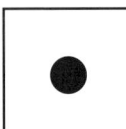 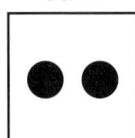 

Diese Geschichte ist durcheinander. Bringe sie in die richtige Reihenfolge
und verbinde die Bilder mit dem richtigen Zeichen.

 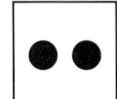 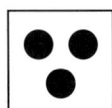

Das ist ein Satz.

Bubu lernt lesen.

Welches Wort kommt zuerst? Welches Wort kommt dann?
Welches Wort kommt zuletzt? Verbinde die Wörter mit den Zeichen.

 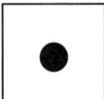 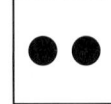 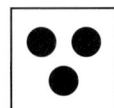

lernt   Bubu   lesen.

Monika Konkow: Vorübungen zum Leseerwerb
© Persen Verlag

zuerst	dann	zuletzt
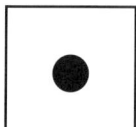	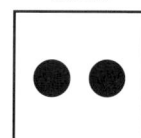	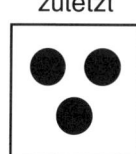

Diese Geschichte ist durcheinander. Bringe sie in die richtige Reihenfolge
und verbinde die Bilder mit dem richtigen Zeichen.

      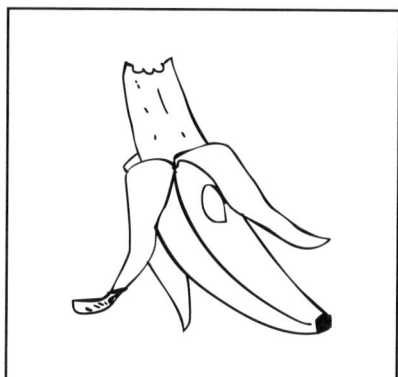

Das ist ein Satz.

Bubu lernt schreiben.

Welches Wort kommt zuerst? Welches Wort kommt dann?
Welches Wort kommt zuletzt? Verbinde die Wörter mit den Zeichen.

      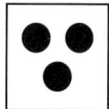

schreiben.   lernt   Bubu

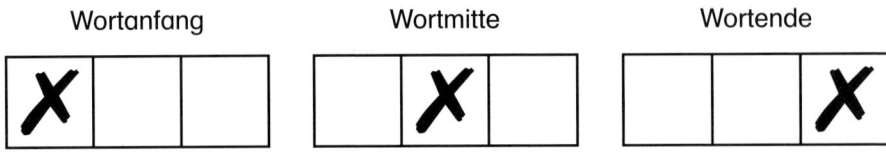

Wortanfang

Wortmitte

Wortende

Hier siehst du ein Wort. Ein Wort besteht aus verschiedenen Buchstaben.

Wo ist der Buchstabe B?

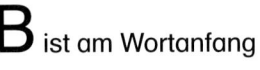
B ist am Wortanfang

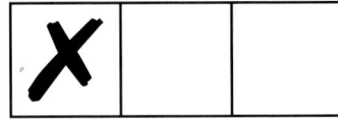

Wo ist der Buchstabe u?

u ist in der Wortmitte

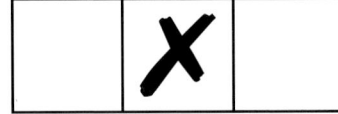

Wo ist der Buchstabe s?

S ist am Wortende

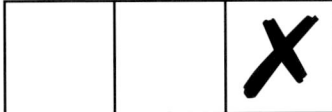

Wo ist bei Maus das M?

Maus

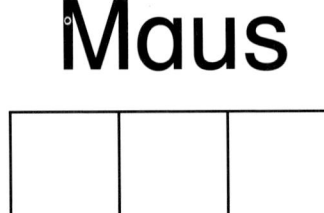

Monika Konkow: Vorübungen zum Leseerwerb
© Persen Verlag

Wortanfang	Wortmitte	Wortende
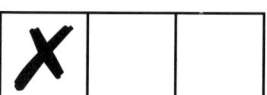		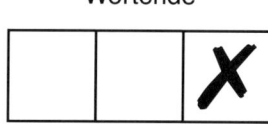

Wo ist bei Löwe das L?

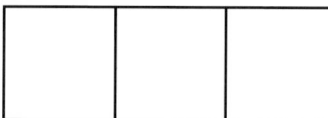

Wo ist bei Wurm das u?

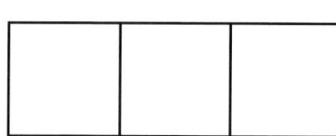

Wo ist bei Mond das d?

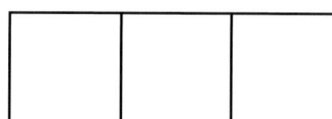

Wo ist bei Sonne das S?

Wortanfang	Wortmitte	Wortende

Wo ist bei Buch das u?

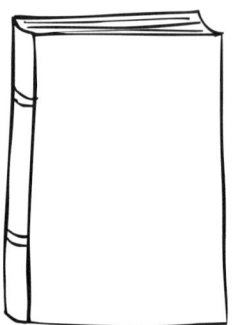

Wo ist bei Hut das t?

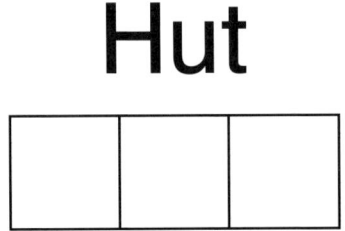

Wo ist bei Katze das K?

Wo ist bei Igel das l?

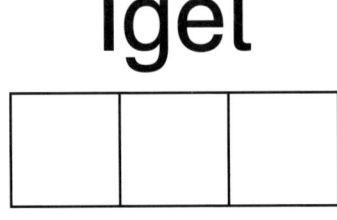

Monika Konkow: Vorübungen zum Leseerwerb
© Persen Verlag

Satzanfang	Satzmitte	Satzende
X			**X**				**X**

Hier siehst du einen Satz.

Der Hund rennt.

Wo ist das Wort Der?

Der ist am Satzanfang

X		

Wo ist das Wort Hund?

Hund ist in der Satzmitte

	X	

Wo ist das Wort rennt?

rennt ist am Satzende

		X

Wo ist das Wort Bubu?

 # Bubu liest gerne.

Satzanfang	Satzmitte	Satzende

Wo ist das Wort **Katze**?

Die Katze frisst.

Wo ist das Wort **Das**?

Das Auto fährt.

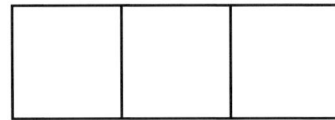

Wo ist das Wort **kräht**?

Der Hahn kräht.

Wo ist das Wort **Bubu**?

Bubu schreibt schön.

Monika Konkow: Vorübungen zum Leseerwerb
© Persen Verlag

Satzanfang			Satzmitte			Satzende		
X				X				X

Wo ist das Wort Oma?

Oma fährt Fahrrad.

Wo ist das Wort schnell?

Das Auto ist schnell.

Wo ist das Wort Hund?

Der Hund bellt.

Wo ist das Wort Buch?

Bubu trägt ein Buch.

Wenn du in einem Buch lesen willst,
musst du es zuerst aufschlagen.

Wenn du die Seiten ansehen willst,
kannst du die Seiten umblättern.

Wenn du mit dem Anschauen fertig bist,
kannst du das Buch zuschlagen.

Monika Konkow: Vorübungen zum Leseerwerb
© Persen Verlag

Wenn du etwas einkreist, dann sieht es so aus.

Bubu ist eingekreist.

Der Buchstabe ist eingekreist.

Das Wort ist eingekreist.

Kreise hier selbst ein.

B

Bubu

Schreibe auf die Zeile deinen Namen und kreise ihn ein.

Kreise hier alle Wolken ein.

Kreise hier alle Buchstaben ein.

A      E      B      U      M

Kreise hier nur die Käfer ein.

Kreise alle B ein.

B	A	E	B
M	B	U	
O	B	S	B

Monika Konkow: Vorübungen zum Leseerwerb
© Persen Verlag

Kreise alle A ein.

A	B	E	A
A	B	M	
O	U	A	E

Kreise in dieser Zeile alle Sterne ein.

Schreibe auf die Zeile deinen Namen und kreise ihn ein.

_____

Kreise in dieser Zeile das Wort Bubu ein.

Mama Bubu Oma Buch Affe Papa

Wenn du etwas unterstreichst, dann sieht es so aus: Bubu

Wenn du etwas durchstreichst, dann sieht es so aus: B̶u̶b̶u̶

Unterstreiche hier alle Wörter.

Bubu    Hund    Katze

Streiche alle Wörter durch, die nicht so aussehen wie Bubu.    Bubu

Bubu   Mama   Bubu   Oma   Affe   Bubu

Unterstreiche alle Wolken und streiche die Sterne durch.

Monika Konkow: Vorübungen zum Leseerwerb
© Persen Verlag

Unterstreiche hier alle Wörter.

Affe    Haus    Käfer

Streiche alle Wörter durch, die nicht so aussehen wie Buch.    Buch

Buch   Haus   Affe   Buch   Mama   Buch

Unterstreiche B.

B̲

Streiche alle anderen Buchstaben durch.

A̶ E̶ U̶

B	A	U	B	B	E	A
U	B	E	U	B	A	B

Schreibe in diesen Rahmen das Wort Bubu und unterstreiche es.   B̲u̲b̲u̲

Unterstreiche hier alle Wörter.

Bubu    Hund    Maus

Streiche alle Wörter durch, die nicht so aussehen wie Haus.  Haus

Buch Haus Affe Haus Mama Haus

Unterstreiche A.

Streiche alle anderen Buchstaben durch.

A̲
E̶ U̶ B̶

A	U	A	B	E	A	E
U	A	E	A	B	A	A

Schreibe in diesen Rahmen deinen Namen und unterstreiche ihn.

Monika Konkow: Vorübungen zum Leseerwerb
© Persen Verlag

zuerst

dann

zuletzt

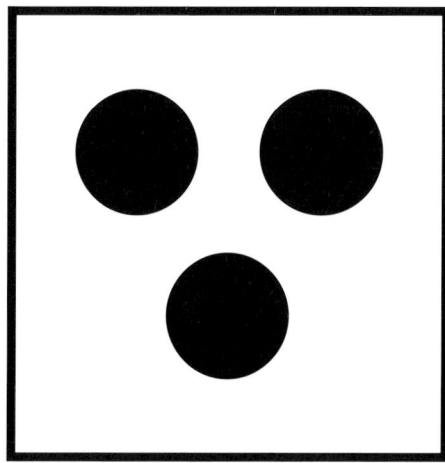

oben

unten

vorne

hinten

links

rechts

auf

unter

Monika Konkow: Vorübungen zum Leseerwerb
© Persen Verlag

groß

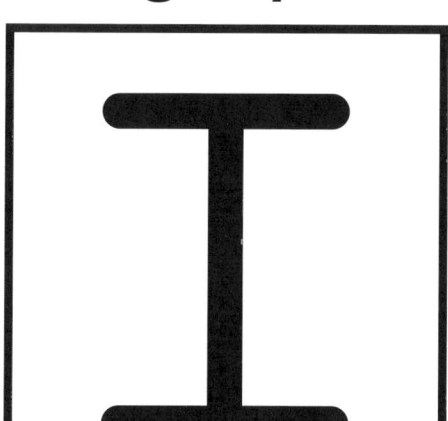

klein

kurz

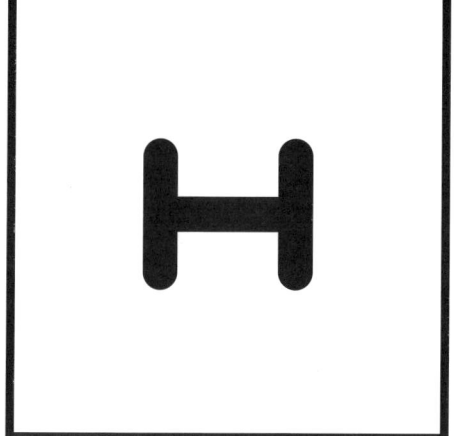

lang

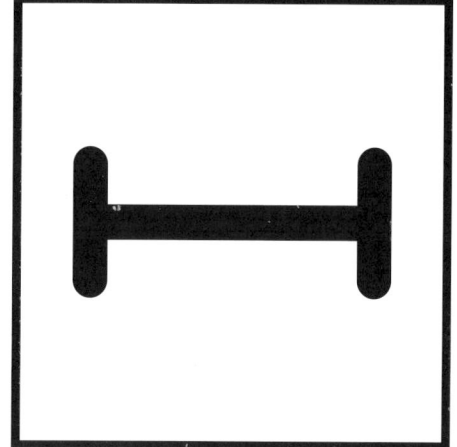

Anfang

Richtung

Monika Konkow: Vorübungen zum Leseerwerb
© Persen Verlag

Bubu

Monika Konkow: Vorübungen zum Leseerwerb
© Persen Verlag

Kinder individuell fördern!

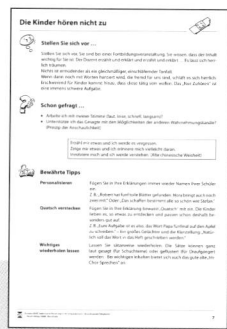

Für das Leben lernen!

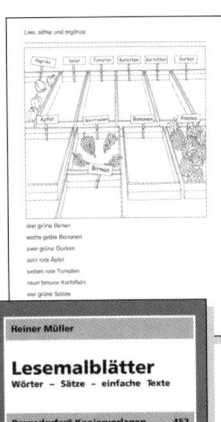